PROFIL HISTOIRE LITTÉRAIRE

Collection dirigée par Georges Décote

Le théâtre
Problématiques essentielles

MICHEL VIEGNES

Ancien élève de l'École normale supérieure

Agrégé de Lettres modernes

SOMMAIRE

1 Le théâtre occidental du Moyen Âge au XXᵉ siècle

Le mot *théâtre* provient d'un mot grec qui signifie « ce qui est regardé ». Quant au mot *drame*, il signifie étymologiquement « action ». Ces deux termes expriment toute l'essence du théâtre : une action, interprétée par des acteurs, sous le regard d'un public. L'art dramatique tient une place si centrale dans notre culture que nous aurions tendance à le croire universel. Il l'est presque : toutes les grandes civilisations sédentaires ont développé des formes de théâtre, dérivées, à l'origine, de cérémonies religieuses. En dehors de l'Europe, on trouve de riches traditions théâtrales en Inde, en Chine, en Indonésie et au Japon. Nous nous limiterons ici à la tradition, déjà diverse et féconde, du théâtre occidental.

DES ORIGINES AU MOYEN ÂGE

Le théâtre est apparu en Grèce, vers le Vᵉ siècle av. J.-C. Transmis à Rome, il s'est répandu dans les territoires de l'Empire romain. (Pour des raisons pratiques, les aperçus consacrés au théâtre antique ont été placés au début des chapitres 6 et 7, qui traitent respectivement de la tragédie et de la comédie.)

Avec la chute de l'Empire romain, au Vᵉ siècle de l'ère chrétienne, c'est tout un univers culturel qui fut enseveli puis balayé par les invasions barbares. Non seulement la pratique du théâtre, mais sa notion elle-même semblent avoir disparu d'Europe entre le Vᵉ et le XIᵉ siècles. Si les historiens du théâtre ne s'accordent pas tous sur ce point, la théorie la plus courante veut que le théâtre se soit redéveloppé en Europe, après une éclipse de cinq siècles, à partir de la liturgie chrétienne : nouvel exemple de passage du sacré au dramatique.

Les scènes « jouées » de l'Évangile, dont le clergé agrémentait certains offices, comme celui de Pâques, étaient si appréciées du peuple qu'elles furent détachées de la liturgie proprement dite et jouées sur le parvis des églises. Ainsi apparurent les *mystères* médiévaux, pièces religieuses constituant des versions dramatiques de l'Ancien et du Nouveau Testament. Parallèlement à ces représentations sacrées, un théâtre profane et populaire semble avoir partout existé en Europe. La forme la plus populaire en était la *farce*, comédie d'un humour volontiers grossier, voire obscène et scatologique. Ce théâtre comique procédait du même esprit satirique et joyeux que les fêtes carnavalesques (voir p. 80).

███████ LA RENAISSANCE

Si la tradition comique a continué à se développer après le Moyen Âge, le théâtre religieux, lui, connut un net coup d'arrêt, du moins en France. En 1548, un décret royal interdisait la représentation publique des drames religieux. Le théâtre entrait dans une nouvelle ère. Conformément à l'esprit général de la Renaissance et de l'humanisme, on redécouvrit le théâtre de l'Antiquité. Ce mouvement, né en Italie, se répandit dans toute l'Europe. Au cours du dernier tiers du XVIᵉ siècle, une distinction commença à apparaître entre la *commedia erudita*, œuvre littéraire aux modèles classiques, et la *commedia dell'arte*, théâtre populaire de comédiens professionnels qui improvisaient sur des scénarios très souples, et dont le comique rappelait celui de la farce.

Quant à la tragédie, sa renaissance est marquée par les multiples traductions et interprétations de la *Poétique* d'Aristote, dont le prestige était immense (voir p. 69). La fameuse règle des trois unités (de lieu, de temps, d'action) a son origine dans les principes exprimés dans la *Poétique*, où elle n'apparaît pas explicitement. La tragédie de la Renaissance n'a pourtant pas donné de chefs-d'œuvre. On peut citer, en France, *Les Juives*, de Robert Garnier[1], en 1583. Cette tragédie biblique contient des allusions à l'histoire contemporaine, celle des guerres de Religion.

■■■■■■ LE XVIIᵉ SIÈCLE, GRAND SIÈCLE DU THÉÂTRE EUROPÉEN

C'est entre la fin du XVIᵉ et la fin du XVIIᵉ siècle que l'on peut situer l'apogée du théâtre européen, notamment en Espagne, en Angleterre et en France.

L'Espagne

Le royaume ibérique vit se multiplier les troupes théâtrales, qui jouaient souvent en plein air, sur les places publiques ou dans les *corrales*, cours intérieures de maisons et d'auberges. Miguel de Cervantes, l'illustre auteur de *Don Quichotte*, écrivit aussi quelques pièces, mais la gloire du théâtre espagnol repose surtout sur trois auteurs, Felix Lope de Vega, Pedro Calderon de la Barca et Tirso de Molina. Lope de Vega, à l'inspiration très diverse, aurait pu être le Shakespeare espagnol s'il avait davantage soigné la facture de ses pièces, mais il était trop prolifique pour s'attacher aux détails. On lui attribue le nombre incroyable de mille cinq cents pièces, dont un tiers seulement nous sont parvenues. Calderon était un poète de cour et ses pièces sont d'une écriture plus raffinée que celles de Lope de Vega. Son chef-d'œuvre est certainement *La vie est un songe* (1636), où il pose avec force le problème de la réalité et de l'apparence, du destin et du libre arbitre. Enfin, Tirso de Molina est surtout connu pour *Le Trompeur de Séville*, où il crée un personnage promu à un destin de mythe littéraire, Don Juan (voir p. 128).

---

1. Vous trouverez dans l'index p. 151 le nom et les dates des auteurs cités dans le Profil.

L'Angleterre

Le théâtre anglais connut un développement prodigieux sous le règne d'Élisabeth Iʳᵉ (1558-1603) ; c'est pourquoi l'on parle de « théâtre élisabéthain ». Tout le monde connaît le nom de Shakespeare, le plus grand peut-être du théâtre universel. Mais ce dernier eut de remarquables contemporains, tels Christopher Marlowe, auteur de l'une des premières versions dramatiques de la légende de Faust, *La Tragique Histoire du docteur Faust* ; Ben Jonson, ami et rival de Shakespeare, est surtout connu pour sa comédie *Volpone* (1606).

La France

De 1610 à 1630, sous le règne de Louis XIII, la scène française fut dominée par deux genres, la pastorale et la tragi-comédie. Le premier, romanesque et mièvre, mettant en scène des amours de bergers et de bergères idéalisés, était inspiré de *L'Astrée*, le roman d'Honoré d'Urfé. Quant à la tragi-comédie, ou tragédie à fin heureuse, c'est un genre violent, plein de péripéties, très influencé par les comédies espagnoles dites de *capa y espada*, de cape et d'épée. Enlèvements, meurtres, et même viols, pouvaient être montrés sur scène. En 1641, un édit royal interdit les grossièretés licencieuses sur la scène, et le genre périclita. L'essor de l'esthétique classique en fut favorisé.

Pierre Corneille, après avoir donné des comédies *(Le Menteur, L'Illusion comique)* et une pièce épique d'inspiration espagnole, *Le Cid* (d'après Guilhen de Castro), fonda la tragédie classique française, avec *Horace* et *Cinna*, en 1640. Dans sa vieillesse, il fut éclipsé par son jeune rival Jean Racine, qui porta le genre tragique à sa perfection : c'est avec sa dernière tragédie, *Athalie*, jouée à Saint-Cyr en 1691, que se clôt le grand siècle du théâtre en France.

Enfin, Jean-Baptiste Poquelin, connu sous le nom de Molière, illumina la scène comique de son génie, et réussit l'exploit de hisser la comédie à un niveau de respectabilité comparable à celui de la tragédie, genre noble par excellence. Même le pédant Boileau admirait son *Misanthrope*, pièce qui d'ailleurs échappe aux cadres traditionnels du comique, de même que son *Dom Juan*, inspiré de Tirso de Molina.

■■■ LE XVIIIe SIÈCLE

La France, au XVIIIe siècle, jouissait d'un prestige culturel considérable en Europe, où toutes les élites cultivées parlaient sa langue. C'est à Paris que le dramaturge italien Carlo Goldoni vint faire une partie de sa carrière. C'est en France, également, qu'eurent lieu les innovations. Marivaux et Beaumarchais réinventent la comédie, le premier par la finesse de l'analyse psychologique, le second par la critique de la société contemporaine : son *Mariage de Figaro* (1784) est l'un des signes avant-coureurs de la Révolution française.

Le déclin de la tragédie classique, et l'essor de la bourgeoisie, favorisent l'éclosion d'un nouveau genre, le drame, ou genre dramatique sérieux, dont Diderot et Beaumarchais furent les théoriciens. Le drame est une « tragédie des mœurs privées », l'action est située dans des familles bourgeoises ou populaires contemporaines ; le réalisme y est mêlé à une sentimentalité débordante. Au drame bourgeois succédera, sous la Révolution, le mélodrame, avec des parties chantées.

Mais c'est outre-Rhin que bouillonne un renouveau profond du théâtre ; avec Friedrich von Schiller notamment, le théâtre annonce le romantisme. Ses grands drames historiques, *Wallenstein, La Pucelle d'Orléans, Guillaume Tell*, sont à mi-chemin entre la tragédie classique, par la rigueur formelle, et le drame shakespearien, par la puissance et le pathétique. Quant à l'auteur allemand le plus important de cette époque, Johann Wolfgang von Goethe, il renoue, dans *Faust*, avec une tradition médiévale, mais sa pièce, par son ampleur philosophique, est un « opéra d'idées » assez inclassable.

■■■ LE XIXe SIÈCLE : L'ÉPOQUE ROMANTIQUE

Dans les années 1820, l'Italien Manzoni et Stendhal en France (*Racine et Shakespeare*, 1824) attaquent les règles du théâtre classique et reprennent les idées exprimées outre-Rhin par les critiques Lessing et Schlegel. Mais c'est surtout Victor Hugo, avec la préface de sa pièce *Cromwell*, qui fonde, en 1827, l'esthétique du drame romantique. Ce texte est capital dans l'histoire de la théorie du théâtre en France.

La préface de *Cromwell*

Lorsque le jeune chef du romantisme français commence la rédaction de sa préface, les concepts classiques hérités du XVIIᵉ siècle ont déjà subi bien des attaques. Au XVIIIᵉ siècle, comme nous venons de le voir, le « drame bourgeois » a bouleversé l'esthétique du théâtre. Mais Hugo va plus loin ; sa conception du drame romantique s'appuie sur une théorie de l'Histoire, qu'il divise en trois grandes époques :

– Les temps primitifs, où l'humanité, en harmonie avec la nature et Dieu, ne peut que chanter son bonheur édénique. C'est la poésie lyrique qui sert de mode d'expression à cette félicité primitive.

– L'Antiquité, époque où l'instinct social se développe, et où l'humanité s'organise en nations et empires. La rivalité entre ces nations produit des guerres ; la poésie épique est donc le genre dominant de ces âges violents.

– L'ère chrétienne, dernier âge de l'histoire, où le christianisme, en révélant à l'homme l'opposition âme-corps, esprit-matière, l'amène à élaborer une forme poétique qui mêle, comme l'a fait Dieu lui-même dans sa Création, « le grotesque au sublime, la bête à l'esprit ».

Quoi que l'on puisse penser de cette vision simplificatrice de l'Histoire, elle sert à introduire une idée capitale qui rappelle la pensée philosophique de Hegel : *la tension entre opposés.* Pour Hugo, c'est la poésie dramatique qui doit exprimer cette dualité fondamentale de l'homme et de l'univers, qu'a révélée le christianisme. Est dramatique toute littérature qui naît de cette tension entre l'esprit et la matière, et qui mêle le grotesque au sublime. Et de même qu'Homère est le sommet de la poésie épique, Shakespeare est le sommet de la poésie dramatique. C'est lui, et non Racine, qu'il faut chercher à imiter : Stendhal et Hugo sont d'accord sur ce point. Après ce préambule historico-philosophique, Hugo donne un programme en six points pour fonder l'esthétique du drame romantique.

1. Le drame doit opérer un *mélange des genres* pour que le théâtre soit une image plus exacte de la vie réelle. Cela va bien sûr à l'encontre de l'exigence classique de séparation entre les genres.

2. On doit rejeter les unités classiques de temps et de lieu (voir p. 71). La seule unité justifiée est l'unité d'action, qui est « la loi de perspective du théâtre ».

3. Dans l'art, la liberté créatrice est vitale : « Il n'y a ni règles ni modèles. »

4. Le drame est un miroir de la réalité, mais un miroir qui « ramasse et condense » le reflet de la vie : importance de la concentration de l'action.

5. La vérité dépend beaucoup de la « couleur locale ». Il faut chercher la vérité particulière du pays ou de l'époque où se situe l'action du drame.

6. Il faut maintenir le vers, qui est pour Hugo « la forme optique de la pensée ». Mais il faut forger un alexandrin *dramatique*, qui, contrairement à l'alexandrin classique, soit capable d'une grande souplesse rythmique, pour s'accorder au dynamisme de l'action.

Ce programme fut-il un échec ?

Hugo a lui-même appliqué ses théories dans deux œuvres qui résument sa principale contribution au genre théâtral : *Hernani* en 1830 et *Ruy Blas* en 1838. À la fin de la première représentation d'*Hernani* eut lieu une fameuse « bataille » qui opposa les partisans déclarés de la révolution romantique aux partisans d'un strict maintien des règles classiques. Somme toute, le drame romantique français n'a donné qu'un seul chef-d'œuvre digne d'être comparé à Schiller ou à Shakespeare : *Lorenzaccio*, d'Alfred de Musset (1834). Ni Hugo avec *Hernani*, ni Vigny avec *Chatterton* (1835), ni Alexandre Dumas père avec ses pièces historiques ne se hissent à ce niveau. L'échec retentissant des *Burgraves* de Hugo, en 1843, sonne le glas du théâtre romantique. Ce genre, toutefois, ressuscite pour un bref mais glorieux moment à la fin du siècle avec Edmond Rostand, dont le *Cyrano de Bergerac*, en 1897, atteint à une dimension mythique.

■■■■ LE XIXᵉ SIÈCLE :
APRÈS LE ROMANTISME

Au XIXᵉ siècle, le théâtre suit les grands mouvements qui scandent la littérature européenne. Le réalisme et la critique sociale qui caractérisent le roman au milieu du siècle se retrouvent sur scène. Ce théâtre « à thèse » est illustré notamment par le Norvégien Henryk Ibsen, dans ses pièces *Maison de poupée* et *Un ennemi du peuple*. À la fin du siècle, le Russe Anton Tchekhov, qui fut aussi un grand auteur de nouvelles, analysa les tragédies intimes de la vie provinciale dans *La Mouette* (1896), *Les Trois Sœurs* (1901), et *La Cerisaie* (1904).

Ce théâtre de haute inspiration coexiste avec une vaste production de théâtre-divertissement. En France, le XIXᵉ siècle voit naître la vogue du théâtre de boulevard, comédies de mœurs légères. Des auteurs comme Labiche et Feydeau font rire à peu de frais, tandis que Georges Courteline, mêlant l'humour au réalisme, peint une satire acerbe de la société et de l'administration. En Angleterre, Oscar Wilde, dans des pièces comme *De l'importance d'être constant* (1895), donne des chefs-d'œuvre d'humour anglais, mais sans grande profondeur.

La fin de siècle, en France et en Belgique, apporte du neuf, avec deux courants littéraires, le symbolisme et l'avant-garde. Le chef-d'œuvre du théâtre symboliste est *Pelléas et Mélisande* (1892), de Maurice Maeterlinck, que Debussy met en musique. Mais Maeterlinck donne d'autres pièces, plus sombres et très originales, comme *Les Aveugles*, dans laquelle certains ont voulu voir une source d'*En attendant Godot* (1953) de Samuel Beckett. Quant à l'avant-garde, elle introduit la provocation pure au théâtre avec la pièce d'Alfred Jarry, *Ubu Roi* (1896). Conçue d'abord comme un simple canular, cette pièce inaugure le théâtre du XXᵉ siècle. Elle préfigure aussi, étrangement, par-delà son humour volontiers grossier et « hénaurme », l'expérience historique de notre siècle : bien des régimes totalitaires et des dictateurs grotesques semblent être des répliques du Père Ubu.

■■■■■ LE XXᵉ SIÈCLE

Notre siècle, justement, fut une période paradoxale de renouvellement et de crise pour le théâtre. La production est très riche. On peut distinguer, sans trop d'a priori, trois grands courants : le théâtre littéraire et poétique, le théâtre engagé, et le théâtre de l'absurde.

Un théâtre littéraire et poétique

Ce type de pièces domine la production de l'entre-deux-guerres. Il est difficile d'y trouver une unité. Toute la force de ce théâtre est dans le texte. Celui-ci, travaillé à l'extrême dans un style dense et hautement poétique, peut être lu pour lui-même. Cette puissance lyrique porte soit un optimisme humaniste typique de l'après-guerre (celui de la Première Guerre mondiale), soit une vision sombre et pessimiste. En France, les grands représentants de ce théâtre ont pour noms Claudel, Montherlant, Anouilh, Giraudoux. Ces deux derniers reprennent volontiers le patrimoine mythologique des tragédies grecques : Anouilh réécrit *Antigone* (1944), Giraudoux, *Électre* (1937). Jean Cocteau, quant à lui, reprend l'histoire d'Œdipe dans *La Machine infernale* (1934).

À l'étranger, le dramaturge américain Eugene O'Neil transpose la tragédie familiale d'Électre dans une ambiance contemporaine avec *Le deuil sied à Électre*. L'Irlandais George Bernard Shaw reprend des thèmes littéraires (*L'Homme et le surhomme*, 1905, basé sur la légende de Don Juan) ou historiques (*Sainte Jeanne*, 1923). L'Espagnol Federico Garcia Lorca écrit des tragédies somptueuses et cruelles (*Noces de sang*, 1933) conformes à une certaine tradition espagnole.

Un théâtre engagé

L'engagement peut être philosophique ou politique, mais il ordonne toute l'esthétique de ces pièces. Dans un style relativement modéré, l'Américain Arthur Miller, avec *Les Sorcières de Salem*, peignait une allégorie de la période du maccarthysme. En Allemagne, Bertolt Brecht réalise une synthèse entre un renouvellement de la pratique théâtrale et un didactisme marxiste. Ses pièces (*Maître Puntila et son valet Matti*, 1940, *Mère Courage*, 1948) véhiculent un message nettement inspiré de la lutte des classes et du matérialisme dialectique, mais évitent l'écueil de la lourdeur didactique en se bornant à exposer les questions et les problèmes historiques, plutôt que d'assener slogans et phrases toutes faites.

En France, Jean-Paul Sartre et Albert Camus portent sur la scène leurs interrogations angoissées. Le premier, tendant toujours vers une synthèse entre l'existentialisme et le militantisme de gauche, attaque le racisme aux États-Unis dans *La Putain respectueuse* (1946), la mauvaise conscience de l'Allemagne après le nazisme dans *Les Séquestrés d'Altona* (1959). Il dramatise aussi ses réflexions purement philosophiques comme dans *Huis clos* (1944), où il pose le problème du rapport avec les autres. Camus fait de même dans *Caligula* (1945), *Le Malentendu* (1944), où il pose le problème de l'absurdité de la condition humaine, tandis que *Les Justes* (1949) traite de la légitimité de la violence dans la lutte politique pour une société meilleure.

Le Nouveau Théâtre : l'absurde et la cruauté

Camus avait traité de son thème favori, l'absurde, tout en conservant la structure du théâtre traditionnel. Après le traumatisme de la Seconde Guerre mondiale, de nouveaux dramaturges développent une attitude plus radicale. Chez eux, ce sentiment de l'absurdité de la vie est si fort qu'il se reflète non seulement dans les thèmes, mais aussi dans la forme même de leur théâtre. Tel est le point commun entre les nombreux auteurs de cette génération, dont les pièces apparaissent après la guerre, et surtout dans les années cinquante. C'est ce que l'on appelle le « théâtre de l'absurde » ou « nouveau théâtre » en raison du renouvellement radical de cette écriture dramatique.

Ce nouveau théâtre fut un phénomène à la fois français et international : français, car beaucoup de ces pièces furent montées à Paris ; international, car les plus grands parmi ces auteurs furent des étrangers résidant en France et écrivant en français : l'Irlandais Samuel Beckett, le Roumain Eugène Ionesco, le Russe Arthur Adamov, et un peu plus tard l'Espagnol Francisco Arrabal. Il y eut également une pléiade d'auteurs français : Jean Genet, Jean Vauthier, Jean Tardieu, Marguerite Duras entre autres. On peut établir un parallèle entre ce nouveau théâtre et le « nouveau roman », dont le théoricien principal fut Alain Robbe-Grillet. Certains de ces dramaturges pratiquèrent aussi l'écriture « romanesque » : Beckett, Ionesco (un maître de la nouvelle), Marguerite Duras. Les deux courants littéraires reflètent, chacun à sa manière, une crise profonde du rationalisme et de l'humanisme, les deux piliers de la civilisation occidentale depuis Descartes.

Des « tragédies du langage » : c'est ainsi que Ionesco définit des pièces comme *La Cantatrice chauve*, qui, en 1950, fonde l'avant-garde théâtrale. Par extension, cette expression peut définir tout le Nouveau Théâtre. En effet, le langage est traditionnellement considéré comme le privilège de l'homme, animal doué de raison. Il est censé véhiculer l'intelligence rationnelle et permettre la communication. C'est donc par le langage que ces dramaturges expriment leur vision déchirante, lugubre ou burlesque, de la condition humaine :

Incommunicabilité : les personnages de Ionesco, de Beckett, de Duras, dialoguent, mais ne communiquent pas. Ils échangent des absurdités, comme dans *La Cantatrice chauve*, ou encore « monologuent » à deux, comme chez Beckett et Duras. L'être humain est enfermé dans une solitude irrémédiable.

Cruauté : le cauchemar de l'histoire moderne amène ces auteurs à voir une dimension sadique inhérente à l'humanité. Le professeur de *La Leçon* de Ionesco, comme la plupart des personnages de Genet, révèlent des abîmes de cruauté. Chez le dramaturge belge Michel de Ghelderode, cette cruauté se marie au grotesque, avec des personnages qui apparaissent comme des marionnettes vicieuses.

On peut attribuer à ce théâtre de l'absurde des antécédents qui précèdent la Deuxième Guerre mondiale. Le plus important de ces pionniers est l'Italien Luigi Pirandello. C'est lui qui, le premier, dans des pièces telles que *Chacun sa vérité* (1916), *Six personnages en quête d'auteur* (1921) et *Ce soir, on improvise* (1930), montra, de manière radicale, l'être humain comme une « coquille vide », enfermé dans l'incommunicable expérience d'un univers où ne règne aucune vérité objective.

Hors de France, le théâtre de l'absurde se manifeste aussi, notamment en Angleterre, chez Harold Pinter (*Le Gardien*, 1960) et David Storey (*Home*, 1970). On peut citer, en Autriche, Peter Handke (*La Chevauchée sur le lac de Constance, Outrage au public*) et, à l'Est, Vaclav Havel, le célèbre dissident devenu président de la République tchécoslovaque.

Depuis la fin des années soixante, cette « avant-garde » est devenue « arrière-garde », comme le dit plaisamment Eugène Ionesco. Le théâtre de l'absurde appartient à l'histoire, même s'il est toujours très proche de nous. Certains révolutionnaires de la scène, depuis, sont allés plus loin encore dans la « déconstruction » de la tradition théâtrale. Citons le cas d'Ariane Mnouchkine, qui, avec sa troupe du Théâtre du Soleil, s'efforce de supprimer la primauté du texte en encourageant, parmi ses comédiens, l'improvisation collective. Ce tour d'horizon du théâtre occidental est nécessairement fragmentaire et incomplet. Il ne vise, rappelons-le, qu'à rendre compte dans ses grandes lignes d'une tradition vivante qui, au cours de vingt-cinq siècles, s'est développée comme un arbre aux multiples branches, chacune portant de nombreux fruits.

2 Le théâtre : un spectacle total

On l'a dit et répété, mais il faut sans cesse le rappeler : le théâtre, en principe, n'est pas conçu pour être lu, mais pour être vu comme un spectacle total joué sur la scène. Bien entendu, on peut prendre plaisir à lire une pièce de théâtre : comme toute lecture, celle d'un texte dramatique anime ce que Victor Hugo, dans la préface de *Marion Delorme*, appelle « ce théâtre idéal que tout homme a dans l'esprit ». Nous visualisons les scènes, donnons un corps et un visage aux personnages, nous leur prêtons même une « voix » sur notre scène imaginaire. Quelques auteurs, comme Alfred de Musset, ont utilisé cette possibilité et écrit certains textes de théâtre pour la lecture.

Malgré tout, le théâtre n'est pleinement conforme à sa vocation que lorsqu'il devient spectacle. Nous avons parlé de spectacle total. En effet, le texte n'est qu'un élément – essentiel d'ailleurs – dans l'ensemble du spectacle. Point de départ et cadre de l'interprétation, le texte théâtral a pu être comparé à la partition qu'utilisent les musiciens d'un orchestre. La partition n'est pas la symphonie : elle n'en est que le programme, complété par les indications du chef d'orchestre. La véritable symphonie, elle, existe dans le moment où les instruments de l'orchestre unissent leurs différentes « voix » pour en donner l'interprétation musicale. Il en va de même au théâtre.

◼◼◼ LES LANGAGES DU THÉÂTRE

Dans le présent chapitre, nous verrons les aspects autres que le texte lui-même, les « langages du théâtre » qui se combinent pour former ce système complexe qu'est le spectacle théâtral. Nous utilisons le mot langage au sens large, désignant par là tout signal, sonore ou visuel, capable de transmettre une signification, un message, au spectateur.

Comme le disait Eugène Ionesco : « tout est langage au théâtre ». En effet, aussi divers soient-ils, les langages du théâtre tombent nécessairement dans deux catégories : ils peuvent être soit sonores, soit visuels. Dans le théâtre d'avant-garde, on a pu expérimenter des modes d'expression olfactifs (ainsi, faire brûler des parfums sur la scène, ou répandre des odeurs dans la salle), mais ce ne sont là que des cas exceptionnels et limités. Parmi nos cinq sens, la vue et l'ouïe sont évidemment les canaux principaux qui nous relient au monde extérieur. Aussi pouvons-nous énoncer les langages du théâtre sous ces deux rubriques :

Langages sonores : à part le texte brut, sa déclamation particulière par les acteurs ; les éléments non verbaux, comme les cris, les rires, les soupirs, les gémissements, le chant ; ces modalités d'expression sonore sont mises en œuvre par les acteurs. Parmi celles produites par la régie, on peut citer : la musique, s'il y en a, éventuellement le bruitage (simulation de bruits en rapport avec l'action de la pièce : orages, tempêtes, etc.).

Langages visuels : il y a bien sûr la présence physique des acteurs sur scène, leur façon de se déplacer, leurs expressions faciales et corporelles, leurs gestes. Cet ensemble fait partie de leur interprétation du texte de l'auteur. Dans certaines formes de théâtre, pendant l'Antiquité ou en Orient, les acteurs portent des masques, ou un maquillage exprimant le caractère du personnage qu'ils interprètent. Les costumes sont un autre code visuel de grande importance. En dehors des acteurs eux-mêmes, tout l'espace scénique est chargé d'éléments signifiants : le décor, ses formes et ses couleurs, et enfin les savants jeux d'ombre et de lumière qu'obtiennent les éclairagistes.

Le tableau suivant peut permettre de saisir plus directement les diverses composantes du langage théâtral :

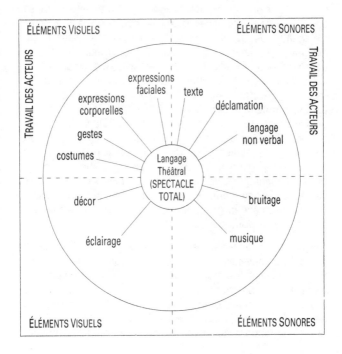

Examinons ces éléments les uns après les autres, à l'exclusion du texte. Commençons par la déclamation et continuons dans le sens des aiguilles d'une montre. Tous ces éléments ne sont pas forcément présents au même moment. Certains d'entre eux sont nécessaires, d'autres facultatifs : dans la plupart des pièces de théâtre, les acteurs ne portent ni masques ni maquillage très voyant ; quant à la musique, elle est rarement utilisée. Si elle l'est, c'est seulement par moments, sans quoi la pièce se transformerait en un quasi-opéra.

Le spectacle théâtral exige que ces langages sonores et visuels soient utilisés simultanément sur la scène. Solidaires,

ils se conjuguent, s'entremêlent pour créer devant le spectateur la magie théâtrale. C'est en ce sens que le critique Roland
Barthes a pu définir le théâtre comme une « polyphonie
informationnelle ». Cette expression un peu barbare désigne ce
que nous venons de décrire : le spectacle théâtral nous
transmet une « information », un sens, à travers une « polyphonie » de signaux divers, les uns sonores, les autres visuels.

■■■■■ LES MESSAGES SONORES

La déclamation

Chaque fois qu'un propos est formulé verbalement, on peut
distinguer le contenu objectif, que l'on appelle *énoncé*, c'est-
à-dire le sens construit par l'assemblage des mots, et l'*énonciation*, autrement dit la coloration subjective donnée à cet
énoncé verbal par la manière dont il est prononcé. Il est
d'expérience courante que les inflexions de la voix, le ton, le
volume, l'accent peuvent énormément modifier le sens d'une
parole dont l'énoncé, pourtant, ne change pas. Le linguiste
Roman Jakobson avait démontré l'ampleur de ce phénomène
en demandant à un grand acteur de prononcer le mot « Bon-
soir » autant de fois qu'il pouvait le faire en modifiant à chaque
reprise le ton et l'inflexion de la voix. Au total, l'acteur parvint
à prononcer cet énoncé extrêmement simple de quarante
manières différentes. Chaque fois, l'énonciation modifiait, non
pas le sens objectif de cette parole très simple, mais les
suggestions qui en émanaient : de banale, elle pouvait devenir
triste, si la voix suggérait un adieu définitif, ou effrayante, si
l'acteur prenait un ton sardonique et menaçant.

On comprend donc à quel point les acteurs peuvent aboutir
à des résultats très éloignés des intentions de l'auteur, en
jouant sur la manière dont ils déclament le texte. Pour éviter
que le public ne se méprenne, les auteurs dramatiques ajou-
tent parfois à leur texte des indications sur le ton que doit
prendre l'acteur pour déclamer tel passage de la pièce. On en
voit un exemple très clair dans le *Dom Juan* de Molière, où le
séducteur annonce à son père, Don Luis, sa prétendue
conversion :

DON LUIS. – Quoi ? Mon fils, serait-il possible que la bonté du Ciel eût exaucé mes vœux ? Ce que vous me dites est-il bien vrai ? Ne m'abusez-vous point d'un faux espoir, et puis-je prendre quelque assurance sur la nouveauté surprenante d'une telle conversion ?

DON JUAN, *faisant l'hypocrite*. – Oui, vous me voyez revenu de toutes mes erreurs ; je ne suis plus le même d'hier au soir, et le ciel tout d'un coup a fait en moi un changement qui va surprendre tout le monde [...]

(V, I.)

Le seul vrai changement est le masque de piété que va désormais porter Don Juan, à l'instar de Tartuffe, cet autre grand hypocrite : Molière n'a pas voulu que le public se méprenne un seul instant, et a donc spécifié dans son texte quelle devait être l'énonciation du passage.

Le langage non verbal

Le philosophe Condillac, au XVIII\ :sup: e siècle, distinguait dans le langage deux types de « signes » : les « signes d'institution », c'est-à-dire les mots, qui se rattachent aux idées qu'ils expriment selon des conventions arbitraires ; c'est pourquoi ces signes d'institution changent d'une langue à l'autre. Mais il y a aussi les signes qu'il appelle « naturels », comme le rire, les pleurs, les gémissements, les cris... Ces signes communiquent non pas des idées, encore moins des raisonnements, mais des émotions. Ils traduisent l'état d'âme du sujet parlant, et ses sentiments. De ce fait, ils ont une signification plus universelle que les mots ; que le texte soit en français ou en russe, les rires et les cris, eux, n'ont pas à être traduits, ils nous parlent directement dans leur langage fruste et émotionnel.

Là encore, étant donné l'importance pour le jeu dramatique de ce langage non verbal, les auteurs s'efforcent généralement de le noter, par exemple sous forme d'interjections comme *ah !* *oh !* etc. Dans *Le Bourgeois gentilhomme*, on entend Monsieur Jourdain « glousser de plaisir » en recevant les hommages d'un garçon tailleur, qui sait flatter sa vanité et son snobisme :

GARÇON TAILLEUR. – Monseigneur, nous vous sommes bien obligés.
MONSIEUR JOURDAIN. – « Monseigneur » ! oh ! oh ! « Monseigneur » ! [...]

GARÇON TAILLEUR. – Monseigneur, nous allons boire à la santé de Votre Grandeur.

MONSIEUR JOURDAIN. – « Votre Grandeur » ! oh ! oh ! oh !

(II, 5.)

La plupart du temps, ces signes naturels sont simplement notés sous forme de *didascalies*, ou indications scéniques parallèles au texte. L'auteur spécifie que l'acteur doit jouer tel passage en riant, en pleurant, etc. Ces manifestations d'émotion sont parfois moins simples et moins universelles qu'il n'y paraît. Le rire, par exemple, peut exprimer une gamme d'émotions très large, de la cruauté à la gaieté bon enfant. Il peut aussi devenir rictus, grimace de désespoir chez les dramaturges tels que Samuel Beckett ou Michel de Ghelderode. Les larmes, elles aussi, n'expriment pas toujours la tristesse : dans le drame du XVIIIe siècle, on pleurait beaucoup, mais c'étaient les larmes du repentir, des grands sentiments, de la vertu triomphante. Après avoir fait beaucoup rire son public avec *Le Barbier de Séville* (1775) et *Le Mariage de Figaro* (1784), Beaumarchais voulait le faire pleurer avec *La Mère coupable* (1792). Il avait été lui-même, avec Diderot, un des théoriciens de ce genre dramatique moraliste et larmoyant, qui sera très prisé pendant la Révolution française.

Enfin, bien que l'on puisse penser que ces signes naturels sont communs à toute l'humanité, ce n'est pas tout à fait le cas. Il entre un élément culturel dans le cri, par exemple : les cris que l'on peut entendre dans le théâtre japonais relèvent d'une tradition culturelle très différente. Ils peuvent exprimer la fureur guerrière, ou la concentration tragique, alors qu'un spectateur européen y verrait l'expression de la peur ou de l'angoisse.

Le bruitage

Les messages sonores précédents étaient émis par les acteurs eux-mêmes. D'autres effets acoustiques peuvent être produits en dehors de la scène, en coulisse, par des machinistes ou des techniciens. Ces « bruits de fond » doivent bien sûr être en rapport direct avec la situation théâtrale. Dans *Macbeth*, par exemple, on peut entendre depuis les coulisses les bruits de tempête et d'orage qui agitent la nuit où Macbeth, poussé par son épouse, assassine le roi Duncan. Il ne s'agit pas pour Shakespeare d'un simple « bruit d'ambiance », destiné à faire frissonner le public, mais il nous montre cette tempête comme un corollaire du meurtre. Le mal que font les hommes se répercute sur la nature et bouleverse les éléments. Au meurtre contre nature de Macbeth, le macrocosme répond par la furie et le chaos de la tempête.

Les techniques de bruitage ont évolué depuis l'époque de Shakespeare. Les bruiteurs d'autrefois devaient déployer beaucoup d'ingéniosité pour recréer par imitation, à l'aide de tout un matériel, le bruit désiré. Aujourd'hui, l'enregistrement sur bande magnétique, la plupart du temps, se substitue à ces techniques.

La musique

L'utilisation de la musique au théâtre est complexe, et donne lieu à des distinctions entre genres dramatiques. À l'extrême, lorsque la musique est plus importante que le texte, on obtient l'opéra, « théâtre chanté », où la musique exprime les sentiments, la tension dramatique, voire la vision du monde que le spectacle nous propose. Lorsque Mozart, à la fin du XVIIIe siècle, a adapté la légende de Don Juan à l'opéra, c'est sa musique qui portait la puissance tragique du destin de Don Juan. Le texte de son librettiste Da Ponte n'est que le support de ce monument musical et n'a guère de valeur autonome.

Mais le théâtre, au cours de son histoire, a su intégrer des éléments musicaux sans devenir pour autant de l'opéra. Deux genres, en particulier, illustrent les rapports entre théâtre et musique : la comédie-ballet et le mélodrame.

● La comédie-ballet

Molière a donné deux chefs-d'œuvre dans ce genre, *Le Bourgeois gentilhomme* et *Le Malade imaginaire*. Dans la comédie-ballet, les actes sont séparés par des intermèdes chantés et dansés, plus ou moins directement liés à l'action de la pièce. Entre les deuxième et troisième actes du *Malade imaginaire*, Béralde, soucieux d'égayer son frère qui se croit malade, lui amène une troupe de danseurs mauresques pour le divertir. Dans *Le Bourgeois gentilhomme*, la musique et les chants des intermèdes sont justifiés dramatiquement par la volonté de Monsieur Jourdain. C'est lui qui, autant par snobisme que pour séduire sa « belle marquise », entretient à grands frais chanteurs et musiciens. Madame Jourdain, du reste, n'apprécie guère :

> MADAME JOURDAIN. – (...) Je ne sais plus ce que c'est que notre maison. On dirait qu'il est céans carèmeprenant tous les jours ; et dès le matin, de peur d'y manquer, on y entend des vacarmes de violons et de chanteurs dont tout le voisinage se trouve incommodé.
>
> (III, 3.)

La réplique est plaisante si l'on songe que les violons dont elle parle de manière si désobligeante sont ceux du grand musicien Jean-Baptiste Lulli, avec qui Molière avait collaboré pour ce spectacle, destiné à divertir Louis XIV et sa cour.

● Le mélodrame

Ce terme est apparu au XVIIIe siècle, et désignait à l'origine un « drame chanté ». Selon Jean-Jacques Rousseau, qui avait lui-même composé un mélodrame intitulé *Pygmalion*, ce genre théâtral comportait une alternance de scènes traditionnelles dialoguées et de scènes chantées ou entièrement musicales. Il s'agit donc d'une forme hybride, à mi-chemin entre le théâtre proprement dit et l'opéra.

Avec la Révolution française, ce genre disparaît, et le terme mélodrame désigne alors les pièces sentimentales et pathétiques, comportant des moments où l'émotion, volontiers larmoyante, atteint son paroxysme. Nous avons gardé aujourd'hui ce sens dans l'expression familière « mélo », forme abrégée de mélodramatique, appliquée à une histoire, une pièce ou un film comportant un pathos exagéré et difficile à prendre au sérieux.

▬▬▬ LES MESSAGES VISUELS

L'éclairage

Les jeux d'ombre et de lumière, que ce soit au théâtre, au cinéma, ou en peinture, ont une grande valeur expressive. Les peintres baroques, au XVIIe siècle, utilisaient la technique du clair-obscur pour accentuer l'intensité dramatique de leurs tableaux.

Avant l'invention de l'électricité vers 1880, les ressources de l'éclairage scénique étaient assez limitées. En revanche, les projecteurs, les sources de lumière multiples, ont ouvert beaucoup de possibilités. Citons les techniques les plus courantes. Le faisceau d'un projecteur, par exemple, illumine le personnage le plus important, et l'isole du reste de la scène, plongée dans la pénombre. L'obscurité elle-même est très suggestive : mystère, angoisse ou intimité se cachent dans les replis de l'ombre. Un contraste aigu entre des parties éclairées et des parties obscures du décor suggère le conflit, la tension.

Éclairagistes et metteurs en scène peuvent donc emprunter aux peintres des techniques intéressantes, et composer de véritables tableaux vivants sur la scène. Toutefois, à la différence de la peinture, le théâtre est mouvement. Il s'y ajoute donc l'élément dynamique : ombres et lumières se déplacent, se modifient et accompagnent le rythme de la pièce.

Le décor

À l'origine du théâtre occidental, en Grèce, le décor était inexistant. L'hémicycle qui constituait la scène était nu. Tout reposait sur le texte, récité alternativement par le chœur et les acteurs masqués. En Extrême-Orient également, en particulier dans le Nô et le Kabuki japonais, le décor se réduit au minimum.

Lors de la réapparition du théâtre en Europe au Moyen Âge, avec les mystères (voir p. 7), on vit se constituer une sorte de décor à la fois simultané et symbolique. Le sujet de ces pièces était la destinée religieuse de l'homme, telle qu'elle est professée par l'Église. Aussi voyait-on les personnages des mystères évoluer au milieu d'un décor flanqué, à gauche, d'une gueule de monstre symbolisant l'Enfer, à droite, d'une sorte de temple symbolisant le Ciel. Ce décor représentait donc simultanément ces deux pôles métaphysiques entre lesquels l'homme est sans cesse tiraillé. On peut dire qu'il offrait une véritable allégorie visuelle, à l'instar des scènes sculptées sur les portails des églises médiévales.

Ce type de décor simultané, où tous les lieux de la pièce sont visibles au même instant sur la scène, sera en vogue jusqu'au début du XVIIe siècle. Mais avec l'émergence des règles classiques, à partir de 1630, et leur insistance sur l'unité de lieu (voir p. 72), le lieu théâtral va se simplifier au maximum, jusqu'à l'invraisemblance. Quoi qu'il en soit, même dans le théâtre du XVIIIᵉ siècle, cette règle n'est plus respectée rigoureusement. Et, depuis le XIXᵉ siècle, les machineries, les scènes tournantes, ou les intervalles entre les actes, permettent de varier les éléments du décor.

L'espace scénique

L'espace même de la scène est significatif. Certains metteurs en scène, et certains auteurs dramatiques, aiment à retrouver le vide originel de l'espace théâtral. Cet espace vide, ou presque vide, met en valeur, par contraste, la présence physique des acteurs. Il peut aussi avoir une valeur symbolique, évoquer le vide de l'existence humaine, l'absurde, le désespoir. Dans la pièce de Samuel Beckett, *En attendant Godot*, on retrouve l'unité de lieu classique, mais Beckett exprime par là l'inertie désespérante de la vie de ces quatre clochards, le fait qu'ils sont prisonniers d'une attente vaine. Le seul élément de ce décor est un arbre qui pousse au cours de la pièce, image du temps qui passe et qui entraîne inévitablement les personnages vers la mort.

Le décor, lieu symbolique

Ce décor de *Godot* rappelle les décors symboliques du Moyen Âge, bien que la philosophie en soit très différente. Placé sur une scène de théâtre, tout objet peut devenir symbole : l'épée en carton, la forêt peinte en trompe-l'œil sur une toile de fond nous rappellent que le théâtre est un monde factice, un lieu d'illusions.

L'espace de la scène peut aussi fonctionner comme un symbole. La chambre fermée de *Huis clos*, de Sartre, est l'image de l'enfer. Dans *Le Mariage de Figaro*, de Beaumarchais, les différentes pièces du château, avec leurs contrastes d'ameublement et de richesse, traduisent visuellement la hiérarchie des classes sociales, le conflit entre l'aristocratie et les classes populaires.

Décor et jeux de scène

Les éléments du décor (meubles, rideaux, portes...) ont souvent un rôle à jouer dans certaines scènes de comédie. Dans *Tartuffe*, par exemple, Orgon, caché sous une table, écoute la déclaration d'amour et les avances que Tartuffe fait à son épouse. La comédie cultive ce genre de situation, où les personnages se cachent pour espionner et surprendre. Dans *Les Fourberies de Scapin*, c'est un sac qui sert de cachette. Boileau reprochera à Molière, qu'il admire, d'avoir utilisé un « truc » aussi commun de la comédie populaire :

> Dans le sac ridicule où Scapin s'enveloppe,
> Je ne reconnais plus l'auteur du *Misanthrope*.

On imagine pourtant tous les effets comiques que l'on peut retirer de ces situations, plus rarement utilisées dans la tragédie. Dans *Britannicus*, Néron, dissimulé derrière un rideau, surveille Junie, tandis qu'elle décourage, par une attitude très froide, l'amour de Britannicus. Rien n'incite à rire dans cette scène cruelle : Néron, qui aime Junie, l'a menacée de faire assassiner Britannicus, si ce dernier recevait de la part de Junie un seul signe indiquant qu'elle n'est pas sincère.

Les costumes

Élément visuel très important du langage théâtral, le costume est chargé de sens. Il est d'abord un indicateur historique. Nous pouvons identifier facilement l'époque à laquelle se situe la pièce par les costumes : une toge indique l'Antiquité, des jabots et des perruques indiquent le XVIIe siècle. Certains auteurs ou metteurs en scène aiment créer des anachronismes. Ainsi, dans l'*Antigone* de Jean Anouilh, les personnages portent des vêtements du XXe siècle, bien que la pièce reprenne le sujet et les personnages de la tragédie grecque. Par cet anachronisme, Anouilh rappelle visuellement au public que les thèmes de la pièce, la tyrannie de l'État et le conflit entre la loi et la justice, sont des problèmes aussi actuels de nos jours qu'au temps de Sophocle.

Le costume est aussi, bien sûr, un indicateur du rang social, aussi bien au théâtre que dans la vie réelle. Dans *Le Jeu de l'amour et du hasard*, de Marivaux, maîtres et valets échangent leurs identités sociales le temps d'un quiproquo amoureux : il leur suffit pour cela d'échanger leurs vêtements. Domaine de l'illusion, le théâtre nous enseigne souvent que la vie « réelle », parfois, n'est pas si différente du théâtre, et que l'illusion y règne aussi. Le costume confère une certaine identité, et fait mentir le proverbe « L'habit ne fait pas le moine ». Dans le *Dom Juan* de Molière, le valet Sganarelle endosse, pour fuir incognito, l'habit d'un médecin : aussitôt, il est assiégé par des gens qui veulent obtenir de lui une consultation.

Enfin, le costume peut aussi marquer la frontière entre le naturel et le surnaturel, la vie ordinaire et le merveilleux de la féerie. Les metteurs en scène et costumiers qui adaptent *Le Songe d'une nuit d'été*, la féerie de Shakespeare, doivent donner à Titania et à Obéron des costumes qui indiquent immédiatement leur nature fantastique d'elfe et de fée. Dans *Dom Juan*, l'acteur qui joue le rôle du Commandeur doit porter un costume suggérant la pierre, puisqu'il s'agit d'une statue qui s'anime.

Gestes et expressions corporelles

Les gestes et les attitudes corporelles ont une très grande valeur expressive. Ils peuvent, sur la scène, être forcés pour communiquer une idée, un sentiment. C'est l'origine de l'expression : « un geste théâtral ». Il existe, depuis l'Antiquité, un code symbolique des gestes que le théâtre utilise abondamment : mettre la main sur le cœur signifie la sincérité, prendre sa tête entre ses mains indique la souffrance ou la perplexité, pointer le doigt vers quelqu'un exprime généralement l'accusation, etc.

Au théâtre, le geste et la parole se complètent. En effet, le geste est souvent un procédé de renforcement de la parole. Lorsque la sultane Roxane, dans *Bajazet*, de Racine, dit au personnage principal, qui refuse son amour : « Sortez ! », elle accompagne ce mot d'un geste terrible, qui indique le seuil où sont postés des gardes qui ont reçu l'ordre d'assassiner le jeune homme. Ce geste est donc une condamnation à mort.

Mais le geste peut avoir une valeur autonome, et créer à lui seul la situation dramatique ; c'est bien le cas du « soufflet » que donne le père de Chimène au père de Rodrigue dans

Le Cid. Cette insulte, qui est aussi une provocation en duel, conduit le vieux Don Diègue à charger son fils Rodrigue de sa vengeance, bien que l'ennemi à abattre soit le père de celle qu'il aime.

Si le geste ne met en mouvement que les membres, généralement les bras et les mains, certaines attitudes expressives impliquent le corps tout entier. Les personnages de Samuel Beckett, dans *En attendant Godot*, s'accroupissent, s'avachissent, prennent des attitudes qui indiquent leur désarroi moral et leur abandon. Monsieur Jourdain se rend ridicule en voulant faire devant sa « belle marquise » une révérence pour laquelle son corps empâté a besoin de presque toute la scène.

Expressions faciales

Enfin, la parole exceptée, rien n'exprime mieux que le visage, dans la vie comme au théâtre, les sentiments et les émotions. La bouche et les yeux, en particulier, ont leur langage propre, indépendamment de la parole, ou parallèlement à elle. Le personnage traditionnel du benêt, dans la comédie, a souvent la bouche arrondie en une grimace hébétée, ou élargie d'un sourire niais. La tragédie classique utilise beaucoup le langage des yeux, qui étaient considérés comme les « miroirs de l'âme ». Dans la scène de *Britannicus* que nous avons mentionnée (voir p. 28), Junie, sous la menace de Néron qui la surveille, doit tromper Britannicus et lui dire qu'elle ne l'aime plus. Le jeune homme en est cruellement déçu, et même lorsque, plus tard, elle lui explique qu'elle n'agissait que sous la contrainte, et que Néron dissimulé les épiait, Britannicus lui réplique :

> Néron nous observait, madame, mais hélas !
> Vos yeux auraient pu feindre, et ne m'abuser pas.

Importance capitale du regard : Junie aurait pu, par un regard d'amour, déjouer celui du tyran.

De même que les gestes, le théâtre tend à exagérer les mimiques faciales. Le maquillage des acteurs aide parfois à souligner l'expressivité du visage. De nombreux metteurs en scène, lorsqu'ils adaptent le *Faust* de Goethe, demandent aux maquilleurs d'accorder tous leurs soins au visage de l'acteur qui joue Méphistophélès : un sourcil relevé, des arcades bien marquées suggèrent la ruse maléfique du démon. Dans le théâtre classique chinois, le maquillage, très épais, est un véritable masque mobile que les acteurs portent à même la peau, et qui désigne leur identité selon un code traditionnel.

Signalons à ce propos le cas du masque. D'origine religieuse chez les acteurs antiques, sa signification est complexe. Retenons seulement que le masque exprimait l'identité du personnage. Paradoxalement, le masque de la tragédie antique dévoilait au lieu de cacher. Son usage s'est perdu peu à peu, mais certains dramaturges d'avant-garde en font usage. Le masque moderne peut exprimer une certaine déshumanisation du personnage, réduit à l'état de marionnette absurde.

Spectacle total, le théâtre peut mettre en œuvre tous ces moyens d'expressions sonores et visuels. Le langage théâtral, qui va bien au-delà du simple texte, forme un tout. Au cœur de ce dispositif, le texte doit garder une place centrale, faute de quoi on quitte le théâtre proprement dit. Trop d'accent sur les gestes et les mimiques faciales, par exemple, et l'on sort du théâtre pour entrer dans le mime. Aussi allons-nous étudier maintenant toutes les modalités d'expression du texte dramatique proprement dit.

Le texte de théâtre

Nous venons de voir que le texte même de la pièce n'est qu'un élément parmi beaucoup d'autres du spectacle total que constitue le théâtre. Il faut ajouter que l'écriture dramatique elle-même est influencée par les autres éléments du spectacle théâtral. Cela explique que l'on ne s'improvise pas auteur dramatique, même si l'on a déjà écrit des poèmes ou des romans. Écrire une pièce de théâtre implique une conscience bien claire de sa finalité, qui n'est pas la lecture, mais la représentation.

UN TEXTE ÉCRIT POUR ÊTRE DIT

Cela entraîne un paradoxe : le texte théâtral est écrit pour être dit par les acteurs ; ceux-ci doivent le dire comme s'il n'avait pas été écrit, et lui restituer la fraîcheur, la vie, la souplesse du langage parlé dans la vie réelle. L'auteur dramatique doit donc naviguer entre deux écueils. D'un côté, il doit éviter d'écrire ses dialogues dans une langue trop littéraire et compassée, qui sonnera faux à la représentation. De l'autre côté, s'il cherche à imiter trop servilement le langage de tous les jours, les dialogues manqueront de cette densité, de ce rythme nerveux qui font les bonnes répliques au théâtre. En effet, si l'on enregistre sur magnétophone un dialogue réel, on s'aperçoit qu'il s'y trouve un grand nombre de répétitions, de corrections, d'hésitations. Les journalistes qui réalisent les interviews savent bien qu'il faut « nettoyer » le dialogue de toutes ses scories linguistiques avant de l'imprimer.

■■■■■ UN STYLE « NATUREL »

Il s'agit pour l'auteur dramatique de trouver le moyen terme entre un style trop « parlé » et un style trop « écrit ». Encore faut-il nuancer : Henry de Montherlant, dans des pièces comme *Le Maître de Santiago* ou *Cardinal d'Espagne*, utilise une langue très littéraire et un ton noble. Mais cela ne saurait choquer le public de ces pièces, qui ne s'attend pas à entendre des grands d'Espagne du XVIe siècle s'exprimer comme le peuple des faubourgs de Paris. D'autre part, le théâtre ne cherche pas nécessairement à donner au spectateur un reflet réaliste de la vie. Le public qui assiste à *Pelléas et Mélisande*, de Maeterlinck, sait qu'il voit une féerie symboliste : il trouve donc appropriée la poésie subtile et étrange des dialogues.

Somme toute, l'auteur dramatique doit adopter un registre qui soit conforme, non à la langue que parlent les spectateurs dans leur vie quotidienne, mais à l'esprit de la pièce elle-même, à son genre, à son époque. D'autre part, il serait futile de vouloir à tout prix copier le naturel de la vie ordinaire. Rien n'est plus relatif et changeant que la manière naturelle de parler. Les spectateurs des pièces de Racine trouvaient son style très « naturel ». Les bons acteurs de théâtre seront plus convaincants et naturels en disant du Racine ou du Marivaux que de mauvais acteurs qui parsèmeront leurs répliques de trivialités pour faire « vrai ». Enfin, les grands auteurs parviennent à imposer leur langage. Le style de Claudel, par exemple, ne cherche pas à imiter un quelconque naturel, mais vise à établir une dimension poétique qui fait du monde théâtral un univers autonome, avec ses propres lois et sa propre langue.

■■■■■ À QUI LES ACTEURS S'ADRESSENT-ILS ?

Ainsi, le problème du texte dramatique peut-il être envisagé selon trois points de vue : celui de l'auteur, celui des acteurs et celui du public. Le langage dramatique pose toujours la question du *destinataire* : pour qui, à qui parle-t-on ? Le paradoxe du dialogue théâtral est que chaque comédien parle à deux auditeurs : son interlocuteur sur la scène, l'acteur qui lui donne la réplique, et le public. Dans un monologue, l'acteur est censé se parler à lui-même ou « penser tout haut ». Le seul cas de communication directe de l'acteur avec le public est l'aparté, que nous allons analyser.

Il faudrait également mentionner ici le cas particulier que constituent les récitatifs du chœur et les prologues, dans les pièces qui en comportent. On sait que c'était une convention dans le théâtre classique grec. Le chœur, parlant au public, annonçait l'action de la pièce, en rappelait le contexte, en commentait le déroulement. Cette convention a été abandonnée, mais certains auteurs modernes la ressuscitent, tel T.S. Eliot, qui fait commenter l'action de *Meurtre dans la cathédrale*, relatant le meurtre de Thomas Becket, par le chœur des vieilles femmes de Canterbury. Mais, dès la Renaissance, la fonction du chœur, qui est un intermédiaire entre le public et les acteurs, avait été assumée par les « prologues ». Un acteur individuel, et non plus un groupe, apparaissait et s'adressait au public pour présenter la scène qui allait suivre. Souvent, le prologue constitue un rôle à part. C'est le cas dans *La Machine infernale*, de Jean Cocteau, où le rôle du commentateur de l'action s'appelle simplement « la voix » et ne prend pas part à l'action. Mais certains dramaturges, habilement, ouvrent leur pièce par le monologue d'un personnage qui situe l'action et donne au public les informations nécessaires pour la suivre. C'est ce que fait Shakespeare dans *Richard III*. Cette pièce historique, qui montre comment le prince Gloucester usurpe le trône pour devenir roi sous le nom de Richard III, débute par un monologue fameux : Gloucester, seul en scène, résume le contexte historique et annonce ses intentions, en même temps qu'il dévoile les sombres replis de son caractère.

Là encore, il ne s'agit pas, ni pour l'auteur, ni pour les acteurs, de faire croire au public que l'on s'adresse à lui comme dans la vie réelle. Les spectateurs ne peuvent être dupes d'un prologue, d'une « voix » ou d'un monologue introductif. Aucune de ces situations n'est vraisemblable. Mais le théâtre étant une œuvre collective, chacun doit y contribuer : la tâche du public sera de « jouer le jeu », d'accepter la logique des conventions théâtrales. Ce souci de vraisemblance amenait les auteurs français du classicisme à utiliser abondamment ces rôles accessoires que sont les confidents. C'est ainsi que Racine fait débuter *Phèdre* par un dialogue entre Phèdre et sa nourrice et confidente Œnone, à laquelle elle explique son amour pour Hippolyte, qui va constituer le sujet de la pièce (I, 3). Racine a préféré ce dialogue à un monologue, où Phèdre, seule sur la scène, aurait exprimé ses sentiments, ce qui eût manqué de « vraisemblance ».

■■■■■■ LA RÉDACTION DU TEXTE

Avant d'examiner une à une ces grandes modalités du texte de théâtre que sont les dialogues, les monologues, les apartés, etc., il convient d'apporter quelques précisions sur le processus de rédaction du texte.

Le texte autoritaire et le texte-canevas

Distinguons nettement le texte autoritaire – qui sera suivi à la virgule près par les acteurs – et le texte-canevas. Le premier cas est le plus répandu : les acteurs doivent avoir parfaitement mémorisé leur dialogue et le jouer fidèlement. L'autre cas, le canevas, était très courant à la Renaissance et au XVIIe siècle. Dans son roman, *Le Capitaine Fracasse*, qui recrée l'ambiance d'une troupe de comédiens ambulants au XVIIe siècle, Théophile Gautier nous montre le jeune baron de Sigognac qui s'efforce, sans grand succès, d'apprendre son rôle par cœur. Le voyant découragé, les autres comédiens le rassurent : le texte écrit n'est qu'un canevas assez lâche, à partir duquel il pourra broder et improviser à sa guise. Les acteurs de la *Commedia dell'arte* travaillaient de cette manière.

Le texte modifié

Il existe un cas intermédiaire où le texte est remanié au cours des répétitions, suivant les suggestions des acteurs. C'est ainsi que Beaumarchais rédigea *Le Barbier de Séville*. Il apporta de nombreuses corrections pendant ses lectures privées, où il lut lui-même sa pièce devant un public restreint, qui lui donna ses réactions et ses critiques, puis au cours des répétitions avec les comédiens. D'une manière générale, quand il s'agit d'un auteur vivant, il est fréquent que le texte soit retouché au cours des répétitions, pour n'atteindre sa forme définitive qu'après la représentation. S'il doit être publié, il arrive qu'il en existe deux versions, une version littéraire imprimée, et une autre, souvent plus courte, pour la scène. C'est le cas pour beaucoup de pièces de Jean Giraudoux. En revanche, le texte des grands chefs-d'œuvre du répertoire classique, depuis les Grecs jusqu'à Tchekhov, en passant par Shakespeare et Racine, est d'une fixité immuable : il est « gravé dans le marbre » et pour ainsi dire sacralisé.

La révolte contre le texte : Antonin Artaud

Ce caractère presque sacré des grands textes dramatiques a suscité l'accusation de « logocentrisme » lancée par certains théoriciens contre le théâtre occidental. Il est vrai que notre civilisation, pendant de nombreux siècles, a été « logocentrique », c'est-à-dire qu'elle a accordé au langage, écrit ou oral, une place centrale dans la culture. Cela peut s'expliquer peut-être par l'importance que Platon, père de la philosophie occidentale, accordait au *logos*, au discours, véhicule de la raison et de la vérité. Quoi qu'il en soit, la tradition européenne avait donné au texte une prééminence presque tyrannique par rapport aux autres éléments visuels ou sonores.

Dans son recueil d'essais *Le Théâtre et son double*, publié en 1938, le poète et comédien Antonin Artaud s'en est pris violemment à ce théâtre régi par le texte écrit. Artaud y résume par une formule lapidaire : « Toute l'écriture est de la cochonnerie », sa condamnation du théâtre occidental. Il avait été très impressionné par le théâtre oriental, en particulier balinais, qui accorde beaucoup plus d'importance au corps même de l'acteur et au langage physique. Voulant réformer la scène européenne dans ce sens, il proposa le concept d'un « théâtre de la cruauté ». Cette expression ne signifie pas que la scène doive devenir le lieu d'une violence barbare et sanglante. Ce dont rêvait Artaud était un théâtre où la présence physique, le jeu corporel des acteurs seraient si forts que cet art puisse redevenir, comme à ses origines, une sorte de cérémonie sacramentelle célébrant, comme une magie primitive, les rapports entre l'homme et les forces cosmiques.

■■■ LES DIDASCALIES

Ce terme, nous l'avons vu, désigne les indications scéniques notées par l'auteur en marge des dialogues. Les didascalies indiquent le décor, ainsi que les attitudes et le ton à adopter par les acteurs. On peut donc dire qu'elles ne font pas à proprement parler partie du texte dramatique, celui-ci ne comprenant que ce qui sera finalement dit par les acteurs lors de la représentation. Toutefois, elles constituent un « encadrement » important du texte, et c'est pourquoi elles sont généralement intégrées dans les versions éditées de la pièce. Notons qu'au XVIIe siècle, le texte imprimé des pièces n'incluait pas les didascalies, ce qui en rend la mise en scène difficile aujourd'hui. En contrepartie, l'absence presque totale de didascalies donne une grande liberté créatrice au metteur en scène contemporain.

Enfin, signalons que l'on peut discerner, chez les dramaturges d'après-guerre, la tendance à augmenter l'importance des didascalies. Dans *Les Paravents*, de Jean Genet, les didascalies sont presque aussi importantes que les dialogues. Trois raisons peuvent expliquer cette évolution. Tout d'abord, ces pièces sont écrites aussi bien pour être lues que pour être jouées. Ensuite, l'auteur dramatique d'avant-garde ne se satisfait plus de son rôle d'« écrivain ». Il veut, d'une certaine manière, assumer en partie la mise en scène de sa pièce. Enfin, on peut y voir l'influence d'Antonin Artaud, et un effet de rééquilibrage entre le texte et les autres éléments du spectacle théâtral. Une pièce aux nombreuses didascalies ressemble, par son écriture, à un scénario de cinéma.

■■■ LE DIALOGUE

L'essentiel du texte dramatique est composé de dialogues, d'échanges verbaux entre les personnages. Nous nous bornerons ici à relever les principes directeurs et essentiels de chacune de ces composantes.

On a pu dire que le dialogue constitue l'essence même du théâtre, puisque c'est par lui, surtout, que sont exposées les relations entre les divers personnages. Cependant, il ne suffit pas qu'il y ait dialogue pour qu'il y ait théâtre. Dès l'Antiquité, il existait un genre autonome, le dialogue philosophique, qui n'avait rien de commun avec le théâtre. Les dialogues de Platon, par exemple, n'ont pas de finalité scénique. Le philosophe utilisait cette forme parce qu'il la jugeait plus vivante qu'un traité. En outre, elle correspondait à la méthode dite « dialectique » de son maître Socrate. D'autre part, le roman contient aussi des passages dialogués, sans cesser d'être roman.

La spécificité du dialogue théâtral

Il existe donc une spécificité du dialogue théâtral. Beaucoup d'échanges verbaux au théâtre sont de nature violente ; ils véhiculent une sorte de duel entre deux volontés, où chacune essaie de dominer l'autre. Il en existe de très bons exemples dans *Le Mariage de Figaro*, où le dialogue entre le Comte et son valet exprime une véritable « lutte des classes ». La verve et l'esprit de l'auteur servent cet objectif, car Figaro surpasse intellectuellement le Comte par des répliques qui sont un feu d'artifice de bons mots. Dans certains cas, cet échange conflictuel devient un dialogue de séduction et de tromperie, où le spectateur voit comment, par la puissance de la parole, l'un des deux personnages subjugue l'autre et le plie à son désir. Dans le mystère médiéval *Le Jeu d'Adam*, écrit au XIIe siècle, Satan persuade Ève de manger le fruit défendu. L'auteur anonyme a su montrer à travers leur dialogue la puissance fascinante de la parole, quand elle est utilisée à la fois pour tenter et pour séduire. Pareille à une proie que fascine le serpent, Ève, dans ses répliques, se laisse docilement conduire au péché par la fausse logique du tentateur.

À l'inverse, le dialogue peut exprimer l'harmonie, l'amour ou la complicité entre les êtres. Le dialogue amoureux, sur scène, est presque une métaphore verbale de l'acte physique. Les deux personnages font l'amour par les mots, et l'auteur restitue sa dimension sensuelle au langage. C'est là presque toute la trame de *Cyrano de Bergerac*, d'Edmond Rostand. La belle et coquette Roxane ne saurait aimer totalement Christian, car celui-ci, quoique beau et séduisant, n'a pas l'art de lui parler d'amour. Il faut que Cyrano lui souffle ses répliques lors de la scène du balcon. Roxane, en entendant ces déclarations inspirées et passionnées, est conquise.

Qu'il exprime une relation de conflit, de séduction, d'amour ou de complicité entre les personnages, le dialogue de théâtre a pour fonction de dévoiler au public cette relation, ainsi que le caractère de chaque personnage. On ne peut pas véritablement séparer, au théâtre, les dialogues des actions. Le langage du dialogue théâtral est lui-même action : « dire, c'est faire ». Le langage dramatique est *performatif* : il accomplit en lui-même l'acte qu'il décrit. Avant même de lui envoyer son soufflet, le père de Chimène, dans *Le Cid*, avait déjà « giflé » le vieux Don Diègue par ses remarques insultantes.

Les différents types de dialogue

● La repartie

Le dialogue entre deux personnages n'est pas nécessairement un échange équilibré. Nous l'avons vu dans le cas d'un dialogue entre un personnage tragique et sa « confidente ». Les paroles de la nourrice Œnone, par exemple, ne servent qu'à « faire parler » Phèdre, à relancer le rythme de ce qui n'est, au fond, qu'un monologue déguisé. Samuel Beckett ironise sur ce type de dialogue dans *Fin de partie*. À Clou qui lui demande : « À quoi est-ce que je sers ? » Hamm répond : « À me donner la réplique. » Sans atteindre un tel déséquilibre, le dialogue n'a parfois pour but que d'amener une repartie particulièrement brillante de l'un des personnages. Dans la tragédie classique, ce type de dialogue à reparties vise souvent au sublime, comme c'est le cas dans un passage célèbre de l'*Horace* de Corneille. On vient dire au vieux Romain Horace que l'un de ses trois fils, voyant ses deux frères morts et ses ennemis fondre sur lui, s'est enfui. Le père s'estime déshonoré. Et pourtant, lui dit-on : « Que vouliez-vous qu'il fît contre trois ? » Et Horace de répondre, superbe : « Qu'il mourût. »

● La stichomythie

Ce terme technique désigne un passage dialogué au rythme extrêmement rapide, où chaque réplique des deux personnages en scène est très courte et s'enchaîne à la suivante. Dans une pièce en alexandrins, chaque réplique d'une stichomythie occupe l'espace d'un seul vers, voire d'un seul hémistiche. Moment intense du dialogue, la stichomythie en souligne souvent l'aspect conflictuel. On trouve des stichomythies dans

Le Cid, *Le Mariage de Figaro*, et dans la première scène d'*Hernani* de Victor Hugo.

● **Le polylogue**

Ce dernier est, comme l'indique le préfixe poly-, un dialogue à plusieurs. Les voix de trois, quatre personnages ou plus se répondent, s'entremêlent. Selon les intentions de l'auteur, le polylogue peut être une harmonieuse « cantate » à plusieurs voix, ou bien dégénérer dans une totale cacophonie.

● **Un cas extrême, la non-communication à travers le dialogue**

Voyons enfin une dimension paradoxale du dialogue théâtral. En principe, le dialogue exprime la communication : chaque interlocuteur, pour répondre à ce qui vient de lui être dit, doit d'abord l'avoir compris. Même si c'est pour se dire des horreurs, les personnages sont dans une situation de compréhension mutuelle. Or, les auteurs dramatiques peuvent exprimer la non-communication à travers le dialogue. Dans la comédie, cette non-communication est à base de malentendu, de mauvaise audition, et vise à produire un effet comique. Dans *Ubu Roi*, Alfred Jarry fait dialoguer deux personnages grotesques, le père et la mère Ubu. Quand cette dernière parle de « la Vénus de Capoue », le père Ubu lui répond : « Qui dites-vous qui a des poux ? » Mais, dans le Nouveau Théâtre, ou théâtre de l'absurde, ce genre de dialogue sans compréhension mutuelle, ou véritable communication, exprime une vision tragique de la condition humaine. Ainsi dans *La Cantatrice chauve* d'Eugène Ionesco, ou *La Parodie* d'Arthur Adamov. Dans cette dernière pièce, les dialogues sont des « monologues à deux ». Chacun parle tout seul, tout en croyant s'adresser à un interlocuteur qui ne l'écoute pas. Au lieu d'être une chaîne dont chaque réplique est un maillon, ce « dialogue de sourds » n'est qu'une suite de fragments discontinus, qui illustre la solitude tragique de l'être humain.

■■■■■ LE MONOLOGUE

Appelé aussi soliloque, le monologue, au théâtre, est le discours d'un personnage qui est, ou se croit, seul sur scène. C'est donc un discours sans destinataire : le personnage se parle à lui-même, il « pense tout haut ». Le monologue n'a guère de vraisemblance : si nous voyons, dans la vie réelle, une personne parler toute seule, nous penserons qu'elle est un peu dérangée. C'est donc un pur artifice théâtral, mais qui se justifie : contrairement au romancier, qui peut sonder les pensées de son personnage, le dramaturge doit tout exprimer par la parole, sans quoi le public n'aurait pas accès à la vie intérieure de ses protagonistes (voir p. 111).

Conscients de cette invraisemblance, les auteurs dramatiques ont parfois recours, comme nous l'avons vu dans le *Phèdre* de Racine, à un pseudo-dialogue, où le confident n'est, à la limite, qu'un simple auditeur du discours de l'autre. En l'absence de confident, l'auteur rend le monologue psychologiquement plus crédible, en le plaçant à un moment de la pièce où le personnage est sous le coup d'une violente émotion. C'est le cas, dans *Le Cid*, du monologue où Don Diègue, ayant reçu le soufflet du père de Chimène, se lamente tout haut de son déshonneur :

> O rage ! ô désespoir, ô vieillesse ennemie !
> N'ai-je donc tant vécu que pour cette infamie ?
> Et ne suis-je blanchi dans les travaux guerriers
> Que pour voir en un jour flétrir tant de lauriers ?

> (I, 4.)

Le tumulte des émotions qui se déchaînent dans le cœur du vieillard rend crédible cet épanchement à haute voix. Le monologue peut aussi se justifier quand il exprime une méditation capitale. Le plus célèbre de ces monologues est sans doute celui de *Hamlet*, qui médite sur son destin, et avoue sa perplexité sur le problème de l'existence elle-même :

> Être ou ne pas être ; voilà la question...

> (III, 1.)

On peut encore citer le monologue de *Faust* qui ouvre la pièce de Goethe, où le vieux savant fait le bilan négatif de sa vie, passée en vain à la recherche d'une connaissance universelle. La relative vraisemblance du monologue méditatif tient à ce que l'esprit, dans ces moments d'intense réflexion, est souvent déchiré, divisé entre diverses possibilités, diverses réponses à apporter à un problème. Même dans la vie réelle, nous entendons parfois en nous des voix qui se contredisent. Le monologue devient alors une sorte de dialogue intérieur.

■■■■■ LA TIRADE

Cas particulier, la tirade est une sorte de monologue dans un dialogue. Il y a tirade lorsque la réplique de l'un des personnages est assez longue et significative pour que l'on ait l'impression d'entendre un monologue. La tirade tend à se suffire à elle-même : elle pourrait être détachée du dialogue sans pour autant perdre sa force ni son autonomie. C'est souvent, du reste, un « morceau de bravoure » dans le dialogue. Beaumarchais est le maître de la tirade : ainsi, celle de la calomnie, dans *Le Barbier de Séville*, morceau d'anthologie où l'auteur exprime, à travers le personnage de Basile, son opinion personnelle sur le pouvoir de la médisance, pouvoir dont il avait lui-même pâti dans sa vie. Dans le genre comique, la tirade des nez, dans *Cyrano de Bergerac*, est célèbre. En une trentaine de vers, Cyrano énumère toutes les plaisanteries qu'une personne spirituelle pourrait faire sur son appendice nasal, entre autres :

> C'est un pic ! c'est un cap ! que dis-je, c'est un cap,
> C'est une péninsule.

■■■■■ L'APARTÉ

Comme son nom l'indique, l'aparté est une réplique dite « à part » des autres personnages, pour que ceux-ci ne l'entendent pas. L'aparté est une rupture de l'illusion dramatique, puisque le personnage s'adresse directement au public. Comme le monologue, mais encore plus que lui, l'aparté est une convention destinée à pallier l'impossibilité, pour l'auteur dramatique, de nous faire entendre les pensées secrètes d'un personnage autrement que par la parole. Il est surtout utilisé dans la comédie où il marque la duplicité d'un personnage vis-à-vis d'un autre, qu'il est en train de tromper.

■■■■■ LE RÉCIT

En principe, le théâtre ne devrait pas comporter de récit, puisque sa nature est de tout nous montrer sur scène, par la parole ou le spectacle. Toutefois, ce que l'auteur ne peut montrer sur scène, il peut le faire dire par l'un de ses personnages sous forme de récit. Mais, trop long, un récit peut faire tomber la tension dramatique, que maintiennent les dialogues. Au XVIIe siècle, à partir des années 1630, l'auteur dramatique, par respect pour la bienséance (voir p. 73), ne devait plus montrer d'actions sanglantes. Le récit, alors, rendait la violence présente à l'imagination sans choquer le regard : « Ce qu'on ne doit pas voir, qu'un discours nous l'apprenne », dit Boileau dans *L'Art poétique*.

Le récit au théâtre se justifie également par des impératifs à la fois techniques et esthétiques. Il ne serait pas possible, par exemple, de représenter sur une scène de théâtre la grande bataille que les Espagnols, conduits par Rodrigue, mènent contre les Maures dans *Le Cid*. Cette bataille doit donc être racontée. Mais ce n'est pas un désavantage : même une scène brillante au cinéma n'aurait pas la poésie ni le souffle épique du récit de Rodrigue, décrivant cette lutte nocturne, sous « l'obscure clarté qui tombe des étoiles ».

Le récit nous livre donc l'action qui se situe en dehors de la scène, mais aussi en dehors du temps de la pièce. Ce sont alors des récits rétrospectifs, qui décrivent des événements survenus avant que l'action de la pièce ne commence.

4 Le rôle du metteur en scène

■■■ QU'EST-CE QUE LA MISE EN SCÈNE ?

La fonction du metteur en scène, au théâtre, n'est pas aussi facile à cerner que l'on pourrait le croire. La notion même de mise en scène est relativement récente dans l'histoire du théâtre. On trouve la première reconnaissance officielle de cette expression dans le *Dictionnaire de l'Académie* de 1835. La définition qui en est donnée est assez vague : ce sont « les préparatifs, les soins qu'exige la représentation d'une pièce de théâtre ». Le metteur en scène est un médiateur, qui supervise le passage du texte au spectacle. Il a, en somme, la même fonction que le chef d'orchestre.

Aujourd'hui, cette expression peut se comprendre de deux manières. Quand on parle de la mise en scène d'une pièce, on désigne soit l'ensemble des éléments qui constituent le spectacle, à l'exception du texte (voir chap. 2), soit le processus de direction des acteurs grâce auquel le metteur en scène donne vie à cette « partition » qu'est le texte.

Les opinions divergent sur le rôle exact du metteur en scène, sur son autorité vis-à-vis de l'auteur et des acteurs. Toutefois, un certain consensus semble se dégager sur la fonction de « coordinateur » qu'exerce le metteur en scène. L'un des plus grands dans le théâtre français du XXe siècle, Jacques Copeau, dans *Critiques d'un autre temps*, a défini la mise en scène comme « la totalité du spectacle scénique émanant d'une pensée unique qui la conçoit, la règle et l'harmonise ». Il paraît clair, en effet, que, sans ce superviseur général qui coordonne tant d'efforts différents, ceux des comédiens, du décorateur, de l'éclairagiste, etc., le passage du texte au spectacle tournerait à l'anarchie et au chaos.

■■■ BREF HISTORIQUE DE LA MISE EN SCÈNE

Une apparition tardive

Comment comprendre que le théâtre ait pu se passer si longtemps de cette fonction capitale ? Le débat reste ouvert parmi les critiques et les historiens du théâtre. Selon certains il n'existait pas de metteur en scène avant le XIXe siècle. Pour d'autres, cette fonction existait, mais elle n'avait pas le caractère distinct et spécifique qu'elle a aujourd'hui. La mise en scène se confondait alors avec la « régie », c'est-à-dire la supervision technique du spectacle : disposition de la scène, préparation du décor, intendance... Selon cette thèse, on aurait seulement assisté à une évolution, au cours du XIXe siècle, de la pratique « objective » et technique du régisseur à la pratique « subjective » du metteur en scène, qui n'est plus simplement un technicien, mais devient ce personnage important qui « monte » la pièce selon son interprétation du texte, et dont l'autorité ira croissant, jusqu'à devenir parfois tyrannique. Dans d'autres cas, la mise en scène était assurée par l'acteur vedette, qui, plus expérimenté que ses collègues, réglait leur jeu et harmonisait leur travail. Ou encore, ce pouvait être l'auteur lui-même ; n'oublions pas que les plus grands noms du théâtre occidental, entre autres Shakespeare et Molière, cumulaient les fonctions d'auteur, de directeur de troupe et d'acteur. Il est donc fort probable qu'ils assumaient également la responsabilité de la mise en scène.

Mais l'on pourrait citer un grand nombre de faits et d'exemples tendant à prouver au contraire que le théâtre, jusqu'au XIXe siècle, se passait purement et simplement de la mise en scène. Les partisans de cette thèse considèrent que le premier véritable « metteur en scène » du théâtre occidental fut le Français André Antoine. Celui-ci avait fondé à Paris, en 1887, le Théâtre-libre, qu'il définissait lui-même comme un théâtre-laboratoire. Dans sa pratique avec les acteurs comme dans les textes de réflexion théorique qu'il a laissés, la mise en scène prend conscience d'elle-même, comme indispensable médiation entre le texte et le public. Dans les théâtres orientaux, l'absence de terme spécifique pour distinguer cette fonction semble indiquer qu'elle est en fait inexistante.

Pourquoi le XIXᵉ siècle ?

Le journaliste et écrivain Joseph Kessel, qui fut aussi critique de théâtre, a proposé une théorie assez convaincante pour répondre à cette question. D'après Kessel, avant le XIXᵉ siècle, durant ces grandes époques du théâtre que furent l'Antiquité, le Moyen Âge et le XVIIᵉ siècle, la mise en scène était automatiquement assurée par un ensemble de références culturelles communes à l'auteur, aux acteurs et au public. Il s'agissait des mythes grecs dans l'Antiquité, de l'histoire biblique et des dogmes de l'Église au Moyen Âge, et de la doctrine classique au XVIIᵉ siècle. Nul besoin d'un metteur en scène pour diriger les acteurs dans une tragédie d'Eschyle ou de Sophocle, car le jeu des acteurs leur était déjà dicté par la tradition culturelle omniprésente qui avait donné corps aux héros légendaires qu'ils incarnaient. Même chose pour le théâtre religieux du Moyen Âge : chaque rôle contenait sa propre mise en scène, découlant des idées morales ou théologiques attachées à chaque personnage.

Le même principe s'appliquait à l'univers de la comédie. Depuis l'Antiquité jusqu'à Molière, en passant par la *commedia dell'arte*, la comédie comportait un nombre restreint de « types fixes », personnages traditionnels qui tous avaient un programme théâtral bien défini (voir p. 83). L'avare, le vieillard amoureux, le soldat-fanfaron, le benêt, chacun de ces types imposait à l'acteur un jeu déterminé. Quant au public, reconnaissant toujours ces personnages, il n'avait aucune peine à suivre la logique théâtrale du jeu des acteurs. Dans ces conditions, pourquoi aurait-on eu besoin de cet intermédiaire qu'est le metteur en scène ? On comprend, dès lors, que ce dernier soit apparu au XIXᵉ siècle, car c'est l'époque de transition, en Europe, où s'effondrent les derniers grands cadres culturels autoritaires, les croyances partagées par tous, les types universels. Avec le romantisme, la révolution industrielle, le règne de la bourgeoisie, on entre dans l'ère de l'individualisme moderne, où tout se trouve relativisé. Il est donc logique qu'apparaisse le metteur en scène, cet artiste qui coordonne, par sa propre vision esthétique, le texte de l'auteur et le jeu des acteurs, de manière à rendre le spectacle intelligible et captivant pour le public.

QUE FAIT LE METTEUR EN SCÈNE ?

La distribution des rôles

Le premier travail du metteur en scène est, bien sûr, de lire la pièce, de traduire les mots en images scéniques, bref de se faire une vision mentale du spectacle. À partir de là, il s'attelle à une tâche préliminaire délicate : la distribution des rôles. Soit qu'il dirige lui-même une troupe théâtrale, soit qu'il doive contacter des professionnels indépendants, il lui appartient de pourvoir chaque rôle. Il doit naturellement posséder un jugement assez sûr pour assortir la personnalité et le physique de l'acteur au rôle qu'il lui attribue. À moins qu'il n'assigne à l'acteur un « contre-emploi », c'est-à-dire un rôle apparemment opposé à ses caractéristiques physiques générales, pensant qu'il pourra tirer de ce contraste un effet intéressant.

Les répétitions

Une fois la distribution assurée, les répétitions peuvent commencer. Il est clair que chaque metteur en scène possède sa propre méthode. En général, cependant, on suit le modèle « graduel », selon lequel les répétitions se conforment de plus en plus aux conditions réelles du spectacle.
– *La répétition « à l'italienne »* : la première étape est la répétition dite « à l'italienne ». Assis autour d'une table, texte en main, les acteurs lisent leur rôle à haute voix, se donnant la réplique. Le metteur en scène dirige le ton de leur voix, indique à chaque comédien le *tempo*, le rythme de sa diction. Il place les silences qui doivent intervenir dans le dialogue, en règle le débit. Durant la répétition à l'italienne, les acteurs travaillent

seulement avec leurs voix. On donne vie au texte une première fois, le faisant passer de l'écrit à l'oral. Une fois ce premier travail accompli, lorsque le metteur en scène juge que les comédiens se sont familiarisés avec leurs rôles, les répétitions sur scène peuvent commencer.

– *Les répétitions à huis clos* : les premières répétitions sur scène se déroulent à huis clos. Seul le metteur en scène observe les acteurs. Ceux-ci portent leurs vêtements ordinaires ; ils ne sont pas encore costumés ou maquillés pour leur rôle ; s'ils n'ont pu apprendre celui-ci par cœur, ils tiennent à la main leur texte qu'ils peuvent consulter en cas de défaillance. Certains metteurs en scène exigent que les acteurs connaissent déjà parfaitement leurs dialogues. À ce stade, les acteurs ébauchent, sous la direction attentive du metteur en scène, l'interprétation physique de leur rôle. À la déclamation viennent s'ajouter les autres éléments dramatiques, les attitudes et les déplacements du corps tout entier, les gestes, les expressions du visage. On travaille aussi la voix, qui doit s'adapter à l'espace acoustique de la scène : les acteurs de théâtre doivent s'entraîner à parler suffisamment fort et clairement pour être entendus du public.

– *La « générale »* : lorsque les acteurs commencent à maîtriser l'interprétation physique et vocale de leurs rôles, et qu'ils forment une équipe soudée, les répétitions peuvent reproduire les conditions réelles du spectacle. Le décor est planté, les acteurs sont costumés, et le metteur en scène peut inviter des collègues, des amis ou des critiques, qui assistent à la répétition intégrale et font part de leurs suggestions et impressions. On appelle la dernière répétition, avant la première représentation de la pièce, la « générale ». Tous les acteurs sont présents, le décor est complet, on a mis au point les costumes, l'éclairage, le bruitage et la musique s'il y a lieu. Autrefois, cette répétition finale était appelée celle « des couturières », car on y convoquait les couturières pour les ultimes retouches aux costumes.

Un élément essentiel du spectacle, dont le metteur en scène a la responsabilité, est le temps. Ce que l'on appelle le minutage consiste, pour le metteur en scène, à établir la durée respective des scènes et des actes. Lorsqu'une mise en scène est minutieusement réglée, la durée de chaque partie de la pièce varie assez peu d'une représentation à l'autre. À l'intérieur de ce cadre général, il existe des variations très importantes en ce qui concerne la conception, le but et la philosophie même de la mise en scène.

PRIMAUTÉ DU TEXTE OU PRIMAUTÉ DE LA MISE EN SCÈNE ?

Ces divergences s'articulent toutes autour d'une question centrale : le metteur en scène n'est-il qu'un simple artisan qui s'efforce de traduire fidèlement le texte en spectacle, ou bien est-il au contraire un artiste, un créateur, qui impose sa vision ? Primauté du texte, ou primauté de la mise en scène ? Le théâtre, comme nous l'avons vu, est un art de représentation très particulier, puisqu'il est un spectacle total. Il y a donc une certaine ambiguïté, un certain flottement, quand il s'agit de décider laquelle de ses composantes doit être privilégiée.

Égalité ou hiérarchie entre les éléments du spectacle

Deux conceptions entrent en conflit : celle de l'égalité et celle de la hiérarchie. Dans le premier cas, le metteur en scène considère que tous les éléments du spectacle théâtral, depuis le texte jusqu'à l'éclairage, sont d'importance égale, et qu'il faut maintenir entre eux l'équilibre. Jean-Louis Barrault, par exemple, croit en l'égalité de tous les moyens mis en œuvre pour créer ce tout harmonieux qu'est le « théâtre total ». Dans la seconde conception, seuls un ou deux éléments sont considérés comme essentiels, et les autres composantes doivent leur être subordonnées. Jacques Copeau déclarait qu'il vouait un « culte absolu » à l'auteur. Pour lui, le texte était donc primordial. Pour le metteur en scène suisse Adolphe Appia, au contraire, les éléments affectifs, comme la musique et les jeux d'éclairage, étaient beaucoup plus fondamentaux que les éléments « intellectuels », tels que le texte. Il s'agit là, bien sûr, d'un point de vue assez « extrémiste », et l'on peut se demander si un spectacle où prédominent les seuls éléments visuels (voir chapitre 2) et la musique appartient encore au domaine du théâtre. Mais il faut savoir que certains metteurs en scène sont allés très loin dans leur contestation de la primauté du texte. Peut-être se voient-ils comme des égaux, voire des rivaux, de l'auteur ? La polémique reste ouverte.

Mise en scène psychologique ou mise en scène picturale

À partir de là, deux tendances ont pu se faire jour : la mise en scène « psychologique » et la mise en scène « picturale ». Dans la première, le metteur en scène accorde peu d'importance aux éléments visuels du décor et du costume. Ce qui compte pour lui est l'expression, par le jeu des acteurs, leur diction, leur gestuelle, de la profondeur psychologique de la pièce. Celle-ci sera une mise à nu des conflits intérieurs des personnages, ainsi qu'une étude fine de leurs relations. Dans la mise en scène picturale, au contraire, le metteur en scène prend un parti esthétique et, loin de réduire le décor au strict minimum, il rivalise avec la peinture, cherchant à créer une ambiance dramatique ou poétique avec les décors, les costumes et l'utilisation de l'espace théâtral. La pièce comporte alors de véritables « tableaux vivants ». Le message passe davantage à travers les éléments visuels. Ces deux tendances, bien entendu, ne s'excluent pas, et n'existent presque jamais à l'état pur. Le plus souvent, elles coexistent à l'intérieur d'une même mise en scène, mais avec une prédominance de l'une ou de l'autre. Si la plupart des metteurs en scène français d'avant-guerre ont privilégié la mise en scène psychologique, on peut citer en revanche le cas de Patrice Chéreau, véritable « peintre de la scène ».

Mais les divergences les plus profondes apparaissent quand il s'agit d'évaluer l'autorité du metteur en scène à l'égard de l'auteur et des comédiens. On a discerné trois degrés dans cette importance relative. Dans la mise en scène « d'expression », les metteurs en scène s'efforcent de traduire au mieux les intentions de l'auteur, en s'effaçant eux-mêmes. La mise en scène « d'intervention » reflète une autre vision. Le texte n'est plus respecté à la lettre ; le metteur en scène « intervient » et en offre une interprétation qui lui est personnelle. Le troisième degré, représenté par des metteurs en scène d'avant-garde contemporains tels qu'Antoine Vitez, est la mise en scène de « recréation ». Là, le metteur en scène se considère comme la véritable source de la création théâtrale. Il se voit comme un artiste indépendant, et non plus comme un humble artisan. Le texte de la pièce n'est plus pour lui qu'une matière première, qu'il utilise et remodèle à sa guise, et avec laquelle il prend toutes les libertés. Par exemple, dans sa mise en scène de *Tartuffe*, Antoine Vitez a dirigé l'acteur qui incarne le faux dévot à jouer de telle sorte que son hypocrisie apparaisse si évidente, dans toutes ses répliques et ses attitudes, qu'il devient invraisemblable que quiconque puisse être dupé par lui, même un personnage aussi sot qu'Orgon.

Les relations entre l'auteur et le metteur en scène

On imagine, dans ces conditions, les conflits qui ont pu éclater entre auteurs et metteurs en scène. Eugène Ionesco avait été très mécontent de la mise en scène originelle de sa pièce *Les Chaises*, considérant que certaines significations profondes de son œuvre avaient été trahies. À cette occasion, il avait écrit une note où il déclarait que le metteur en scène « doit s'annuler, [et] doit être un parfait réceptacle ». Leçon d'humilité difficile, voire impossible à accepter pour certains metteurs en scène, qui estiment avoir des prérogatives supérieures. D'autres, en revanche, en ont fait leur credo : Copeau, Charles Dullin, Jean Vilar, Louis Jouvet, se voulaient avant tout « serviteurs du texte », sans pour autant perdre leur puissante personnalité artistique. Il est certain que le texte de la pièce n'est que le point de départ du spectacle total ; il est non moins vrai que le spectacle théâtral est une œuvre collective. Le metteur en scène et les acteurs expriment nécessairement leur interprétation du texte, et le propre d'un chef-d'œuvre littéraire est de permettre plusieurs interprétations.

Le problème, cependant, ne se pose pas toujours. Il a existé des duos auteur/metteur en scène travaillant en parfaite harmonie, tels Louis Jouvet et Jean Giraudoux. Parfois, il arrive que l'auteur et le metteur en scène soient une seule et même personne : ainsi Bertolt Brecht (1898-1956), qui écrivait et montait lui-même ses pièces, alors qu'il était à la tête du *Berliner Ensemble* à Berlin-Est. Enfin, le problème est entièrement déplacé lorsque l'on met en scène la pièce d'un auteur défunt. Molière n'est plus là pour dire ce qu'il pense de la manière dont Antoine Vitez a monté son *Tartuffe*, mais l'on peut penser qu'il aurait estimé que la logique interne de son texte était violée. La marge d'interprétation que permet un texte littéraire n'est pas infinie. Dans le cas d'un auteur appartenant à une époque lointaine, il existe deux attitudes possibles : ou bien le metteur en scène s'efforce de rester fidèle au contexte historique de la pièce, ou bien il cherche à l'actualiser, à adapter les costumes, le décor, voire le jeu des acteurs, à la sensibilité du public contemporain. Ces tentatives, pour intéressantes qu'elles soient, ont rencontré des bonheurs divers, et tombent parfois dans le snobisme et la gratuité.

La mise en scène, une forme de traduction

En définitive, le travail d'un metteur en scène ressemble à celui d'un traducteur. Le traducteur traduit, par exemple, un texte allemand en français ; le metteur en scène, quant à lui, traduit pour le public le texte de l'auteur dans cet autre « langage » complexe qu'est le langage du spectacle, composé de tous ses éléments sonores et visuels. De même qu'un traducteur, un metteur en scène doit parfois user de son jugement personnel pour « interpréter » le texte originel, là où une traduction littérale ne serait pas comprise. Mais tout est une question de mesure et de limites : pour le traducteur comme pour le metteur en scène, pousser trop loin l'interprétation de l'original aboutit finalement à la trahison, qu'elle soit consciente ou involontaire.

LES GRANDS METTEURS EN SCÈNE EUROPÉENS

De grandes personnalités ont jalonné l'histoire de la mise en scène depuis un siècle, et leurs conceptions ont enrichi la philosophie et la pratique du théâtre.

André Antoine (1857-1943)

C'est par lui que la mise en scène de théâtre s'est érigée en discipline à part entière. Il fonde à Paris en 1887 le Théâtre-libre, véritable « laboratoire » d'innovations dramatiques. Il voulait créer un théâtre naturaliste, en appliquant les idées que Zola avait exprimées dans son essai *Le Naturalisme au théâtre*, en 1881. Comme pour le roman, Zola voulait faire du spectacle théâtral un document historique et social d'une exactitude scientifique, « mettre devant le spectateur toute une époque debout ». Le théâtre devint donc, sous l'impulsion d'Antoine, un document réaliste ainsi qu'une tribune politique. Le naturalisme fut poussé si loin que, dans l'adaptation que fit Antoine de *La Terre* de Zola, on voyait des poules picorer sur la scène devant un décor de ferme. Antoine révéla au public les pièces de Georges Courteline, satire mordante de la société de l'époque, notamment des employés de bureau.

Adolphe Appia (1862-1928)

Suisse, ouvert à la culture germanique, Adolphe Appia a profondément subi l'influence qu'exerçait en Europe, à la fin du XIXe siècle, Richard Wagner. Le grand musicien de Bayreuth avait révolutionné l'opéra, en refusant d'accorder à la musique une prééminence absolue. Auteur à la fois de la musique et du texte de ses opéras, Wagner voulait créer un « drame musical » par la fusion équilibrée des différentes composantes de l'œuvre. Il avait lancé le concept de *Gesamstkunstwerk*, ou œuvre d'art synthétique, dépassant les oppositions entre peinture, musique, poésie, pour les faire fusionner dans une même œuvre. Reprenant ces idées dans une étude intitulée *La Mise en scène dans le drame wagnérien* (1895), Appia, comme nous l'avons vu, privilégiait la musique et l'éclairage sur le texte, car ce dernier, plus intellectuel, « signifie », alors que musique et éléments visuels « expriment » directement des chocs émotionnels.

Konstantin S. Stanislavski (1863-1938)

Contemporain d'André Antoine, Stanislavski, en prenant la tête du Théâtre d'Art de Moscou, en 1898, s'était lancé dans des recherches similaires à celles de son homologue français, mais avec un certain goût pour la démesure. Nous avons mentionné (voir p. 50) la distinction entre mise en scène psychologique et mise en scène picturale. Stanislavski tenta d'unir les deux, pour faire du théâtre un lieu de réalisme total, « plus vrai que la vie ». Il exigeait une extrême minutie dans la reconstitution historique. Costumiers, décorateurs, maquilleurs devaient se livrer à des recherches érudites pour être fidèles à la devise du Théâtre d'Art : *Pravda*, mot russe signifiant « vérité ». Vérité à tous les niveaux, non seulement des éléments visuels, mais aussi dans la psychologie et l'expression des sentiments. C'est la fameuse « méthode Stanislavski » : au contraire de Diderot, qui, dans son *Paradoxe sur le comédien* (voir p. 62), conseillait à l'acteur de ne pas s'identifier avec son rôle, mais au contraire de le « composer » objectivement, Stanislavski voulait que l'acteur s'y investisse personnellement, confonde son rôle et sa personnalité propre. Il faisait appel au « revivre », à la « mémoire émotionnelle » du comédien. Celui-ci, s'il avait à jouer une scène de désespoir, devait se souvenir d'un moment de sa vie où il avait éprouvé une émotion semblable, et la revivre sur la scène devant le spectateur, abolissant ainsi la frontière entre la vie réelle et l'illusion théâtrale.

Edward Gordon Craig (1872-1966)

Pour ce metteur en scène britannique, le théâtre n'avait pas une origine littéraire, mais était dérivé de la danse et de la pantomime, des arts du geste et du mouvement. Craig revendiquait pour le metteur en scène une autorité absolue sur le texte. Despotique, il considérait le spectacle comme l'œuvre du seul metteur en scène, lequel manipule à sa guise texte, espace scénique et même acteurs. Ces derniers, pour lui, devaient être des « machines à jouer », robots dociles entre ses mains ; à la limite, il voulait faire d'eux des super-marionnettes (*super puppets*). Craig était obsédé par la recherche d'un « théâtre pur », excluant tout ce qui n'appartenait pas à l'essence du théâtre telle qu'il l'avait lui-même définie. Il préfigure Antonin Artaud (voir p. 00).

Jacques Copeau (1879-1949)

La période de l'entre-deux-guerres fut très riche pour les recherches françaises de mise en scène théâtrale. Nous avons déjà cité à plusieurs reprises Jacques Copeau. Fondateur du théâtre du Vieux-Colombier en 1913, Copeau se voulait un « serviteur du texte ». Il a cependant révolutionné l'espace théâtral. Préconisant un « retour aux sources » du théâtre, Copeau réduit le décor au strict minimum. L'économie des moyens (décor, costumes...) était essentielle, selon lui, pour respecter l'essence du théâtre. Il supprimera de même la rampe et le rideau, annulant ainsi les barrières traditionnelles entre les acteurs et le public.

Charles Dullin (1885-1954), directeur du Théâtre de l'Atelier, et Jean Vilar (1912-1971), directeur du Théâtre National Populaire (TNP, voir p. 137) furent aussi de grands hommes de théâtre travaillant dans le même esprit que Copeau.

Louis Jouvet (1887-1951)

Louis Jouvet a consacré toute sa vie au théâtre, à la fois comme metteur en scène et comme acteur. On sait qu'il a également interprété beaucoup de rôles au cinéma, qu'il affectait de mépriser, n'y voyant qu'une source de profits financiers qu'il pouvait ensuite investir dans le théâtre. Il monta des pièces contemporaines comme le *Knock* de Jules Romains, et les pièces de Jean Giraudoux, mais aussi des pièces du répertoire classique, comme le *Dom Juan* de Molière, où il interpréta lui-même, et d'une façon inimitable, le rôle du « grand seigneur méchant homme ».

Les metteurs en scène « politiques »

Outre les « serviteurs du texte » et les « serviteurs de la scène », il y a parmi les grands metteurs en scène ceux que l'on pourrait définir comme les serviteurs de l'idéologie. Souvent de conviction marxiste, ils s'attachent avant tout à mettre en valeur le message politique de la pièce. Nul n'est besoin en effet d'insister sur l'impact politique que peut avoir tout spectacle dramatique. Juste après la révolution de 1917, en URSS, l'État soviétique avait créé un organisme, le TEO, regroupant toute la production artistique susceptible d'être utilisée comme moyen d'« éducation politique des masses ». Le théâtre, considéré comme « âme de la vie collective », y fut intégré, et un metteur en scène, ancien disciple de Stanislavski, Vsevolod Meyerhold (1874-1942), fut nommé directeur de cet organisme d'État. En Allemagne, Erwin Piscator (1893-1966) avait lui-même l'ambition de transformer la société par le théâtre. Sa conception révolutionnaire le conduisit à sortir du théâtre proprement dit pour monter des spectacles d'agitation et de propagande politique (« l'agit-prop ») à la sortie des usines.

Nous avons parlé des metteurs en scène plus récents, tels que Chéreau, Planchon et Vitez, qui se sont efforcés de « repenser » la fonction de la mise en scène, et qui ont pris des initiatives audacieuses, dont le moins que l'on puisse dire est qu'elles n'ont jamais fait l'unanimité. Si cette diversité de points de vue sur la mise en scène a pu produire des excès fâcheux, surtout au xxᵉ siècle, elle témoigne, indirectement, de la vivacité et de la fécondité du théâtre.

5   L'acteur

Il est banal de dire que le métier d'acteur est un des plus difficiles qui soient, tant sur le plan technique que sur le plan émotionnel. Les acteurs à succès peuvent devenir des idoles ou des demi-dieux, être immensément riches, internationalement célèbres. À l'inverse, d'autres comédiens professionnels végéteront toute leur carrière dans des rôles secondaires. Ni célèbre, ni riche, l'acteur ou l'actrice de deuxième rang n'est pas nécessairement un artiste médiocre et, de même, la vedette adulée a parfois un talent douteux. En définitive, le seul critère de succès ou d'échec est des plus subjectifs : il s'agit de la réaction du public. Or, le grand public peut être capricieux, arbitraire, inconstant. Mais telle est l'ingrate condition de l'acteur de métier : on ne joue jamais pour soi-même. Être acteur, par définition, c'est être vu : rien ne peut exister sans la relation avec un public.

■■■■■ BEAUTÉ ET CONTRAINTES DU MÉTIER D'ACTEUR

La profession de comédien est aujourd'hui une profession respectée. Cela n'a pas toujours été le cas. Au XVII⁰ siècle, en Europe, l'Église réprouvait le métier d'acteur au point que les comédiens n'avaient pas le droit d'être enterrés dans un cimetière chrétien. Le théologien Nicole, en 1659, avait déclaré que le métier de comédien était « indigne d'un chrétien ». Si les choses ont changé depuis lors, il n'en reste pas moins que l'univers des acteurs suscite toujours, chez le grand public, un mélange curieux de fascination et de suspicion. Cela tient sans doute à l'essence même du métier, à ce qui fait à la fois sa beauté et son étrangeté : être acteur signifie avoir la capacité de mentir, d'être autre que soi-même, de se métamorphoser. À force de voir l'acteur porter tant de masques différents, on finit par se demander quel est son vrai visage.

Contrairement à ce qui se passe au cinéma, où l'on peut filmer à nouveau une scène manquée, le théâtre est impitoyable (voir chapitre 8). Le public sanctionne les acteurs déficients par le rire, les sifflets, ou pire encore, par un silence glacé. D'autre part, jouer sur une scène de théâtre implique une solidarité sans failles entre les comédiens. Tous les acteurs d'une pièce sont interdépendants. Que l'un d'entre eux donne mal la réplique, et il met les autres en difficulté. Les acteurs chevronnés savent plus ou moins comment « rattraper » un faux pas, comment aider leurs collègues en difficulté à retrouver leur assurance, mais c'est parfois difficile.

Les anecdotes abondent. Lors d'un festival où l'on jouait une tragédie, un jeune acteur, dans le rôle d'un messager, devait porter au roi la nouvelle que son bouffon venait de mourir. C'était sa seule réplique sur scène, mais le débutant mourait de trac. Au lieu de dire : « Le fou est mort », il déclame d'un ton pénétré : « Le mort est fou. » Aussitôt, le public éclate de rire. Voulant rattraper la bévue, l'acteur plus expérimenté qui jouait le roi, demande au messager : « Quoi ? le fort est mou ? » Tout l'effet tragique de la pièce, ce soir-là, fut volatilisé. Moins spectaculaire, mais plus angoissant, le « trou de mémoire » est un cauchemar classique de l'acteur. Autrefois, caché dans sa petite loge à l'avant de la scène, le « souffleur » était là pour pallier ces défaillances. Notons que s'il est possible d'improviser, ou de jouer approximativement lorsque le texte de la pièce est en prose, l'oubli du texte est irréparable, quand il s'agit d'une pièce en vers.

■■■ HISTORIQUE DU MÉTIER D'ACTEUR

À l'origine, dans la tragédie grecque, il n'y avait jamais plus de trois acteurs, qui se partageaient parfois plusieurs rôles, passant de l'un à l'autre en changeant de masques. Mais le nombre des acteurs pour chaque pièce a rapidement augmenté. Au Moyen Âge, beaucoup d'acteurs de théâtre étaient des amateurs, surtout dans le théâtre religieux. La représentation d'un mystère ou d'une passion (voir p. 7) était conçue comme un acte collectif de célébration religieuse. La différence entre comédiens amateurs et comédiens professionnels était nettement perçue à l'époque, si l'on considère que l'expression *commedia dell'arte* signifie : la comédie de métier, le théâtre joué par des acteurs professionnels. En Italie, à la fin du XVIe siècle, on voit se développer cette forme de théâtre populaire, avec ses types fixes en nombre limité : Polichinelle, Arlequin, Colombine, Pantalon. Le peintre Antoine Watteau les a représentés au XVIIIe siècle. Quel que fût le scénario de ces comédies italiennes à personnages fixes, il s'agissait toujours du triomphe de l'amour sur les obstacles rencontrés.

La grande caractéristique de la *commedia dell'arte* était le jeu *al'improviso*. En effet, sur une trame assez lâche, les acteurs italiens improvisaient sur scène. Cette improvisation était limitée : les comédiens disposaient d'un vaste répertoire de scènes toutes faites, de répliques stéréotypées, qu'ils pouvaient « placer » quand le moment leur semblait propice. Ils avaient surtout, pour combler les trous et faire rire le public à peu de frais, leurs fameux *lazzi*, équivalents des gags du cinéma burlesque américain des années vingt. Moments comiques, jeux surtout gestuels, situations cocasses reposant parfois sur un humour scabreux, les *lazzi* rapprochaient le théâtre des numéros de clowns que nous connaissons. Molière, très influencé à ses débuts par la *commedia dell'arte*, en reprendra quelques-uns.

Nous avons mentionné le cirque : il faut préciser que tout au long du Moyen Âge et jusqu'au XVIIIe siècle, il existe, à côté du théâtre proprement dit, des formes plus populaires de jeu dramatique. C'est le *théâtre de foire*, les divertissements de bateleurs et de saltimbanques. Ces formes multiples de culture populaire ont pu être fécondes pour le développement de la dramaturgie. Beaumarchais, avant d'écrire *Le Barbier de Séville* et *Le Mariage de Figaro*, avait écrit des divertissements de foire.

Avec le XVIIe siècle, on assiste à un curieux paradoxe. Alors que le métier d'acteur est décrié par l'Église, c'est à cette époque qu'apparaissent les premières vedettes, ou « monstres sacrés » de la scène. La cour de Versailles, par exemple, se pâmait d'admiration devant « la » tragédienne Champmeslé, l'interprète de Racine. Par la suite, chaque époque aura son idole : Talma au début du XIXe siècle, et l'illustre Sarah Bernhardt quelques décennies plus tard. En Angleterre, l'acteur Kean passe pour avoir été le plus grand interprète de Shakespeare. La présence de femmes sur une scène de théâtre a longtemps posé problème. Dans l'Antiquité et à l'époque de Shakespeare, les rôles féminins étaient tenus par des hommes. Plus tard, l'inverse s'est occasionnellement produit : le rôle de Chérubin, dans *Le Mariage de Figaro*, était tenu, selon le vœu de Beaumarchais lui-même, par une femme.

███ SOUMISSION AU TEXTE OU INTERPRÉTATION PERSONNELLE ?

Le « rôle » (du latin *rotulus*) désignait à l'origine un rouleau de papier, où l'acteur transcrivait, en guise d'aide-mémoire, les répliques de son personnage. Nous avons vu que dans le théâtre grec antique, le rôle écrasait l'individualité de l'acteur, celui-ci n'étant que le support vivant, la « voix » de son rôle, dont il endossait l'habit et le masque. Il existait du reste un rapport étroit entre la voix et le masque, puisque ce dernier faisait aussi fonction de porte-voix, d'amplificateur. C'est pourquoi le masque de théâtre, en latin, se disait *persona*, de *personare*, « résonner à travers ».

De même, à l'époque de la *commedia dell'arte*, le rôle dominait l'acteur dans la mesure où celui-ci, très souvent, se spécialisait. Il passait toute sa carrière à perfectionner son rôle de Matamore ou de Polichinelle. Par la suite, avec la disparition progressive de ces stéréotypes de la comédie, les rôles s'individualiseront.

On peut appliquer à l'acteur la même problématique qu'au metteur en scène (voir p. 49) : n'est-il qu'un « médiateur » du texte dramatique, un simple traducteur qui assure le passage des mots au jeu scénique, ou bien peut-il s'arroger, comme le font certains metteurs en scène, le droit d'interpréter le rôle selon son propre jugement, sans tenir compte des intentions de l'auteur ?

Pour Jean Vilar, qui fut lui-même metteur en scène et acteur, la réponse était sans ambiguïté : « Le comédien digne de ce nom ne s'impose pas au texte. Il le sert. Et servilement. »

C'est ce qu'il affirme dans son livre *De la tradition théâtrale*. Là encore, il existe plusieurs écoles : Vilar exprime une philosophie du métier d'acteur où l'humilité est la vertu essentielle. L'acteur, comme il n'hésite pas à le dire, est un esclave du texte. Cela suppose une conception particulière du théâtre, où l'auteur est l'autorité suprême. Cependant l'auteur dramatique lui-même s'adapte parfois au comédien. Marivaux, par exemple, écrivait différemment selon que sa pièce était destinée aux Comédiens-Italiens ou aux Comédiens-Français. Le jeu de ces derniers était plus réservé, plus froid que celui, étincelant et extériorisé, des acteurs italiens. C'est pourquoi Marivaux, dans des pièces telles que *Arlequin poli par l'amour*, pratiquait un comique de *lazzi*, dans la tradition de la *commedia dell'arte*, où excellait l'acteur Thomassin, de la troupe des Italiens. De même, Giraudoux écrivait ses pièces en pensant aux acteurs de la troupe de Louis Jouvet. Là encore, l'acteur pouvait influencer l'auteur dans la conception du rôle.

Sur cette question de l'effacement de l'acteur devant son rôle, on peut noter un autre paradoxe. Il arrive parfois que le « grand » acteur, la vedette, doive sa stature au fait que, précisément, il ne s'efface jamais totalement devant son rôle, et que sa personnalité puissante transparaît à travers ses interprétations. Prenons le cas de Louis Jouvet : qu'il apparût sur scène en Don Juan, dans la pièce de Molière, ou bien en personnage de Giraudoux, c'était toujours Jouvet que l'on voyait, avec son jeu immuable et fascinant, son même regard fixe et sa diction caractéristique. De même, lorsque Richard Burton, dans les années soixante, jouait *Hamlet* sur une scène de théâtre à Broadway, c'était Burton, plus que Hamlet, que le public venait voir.

■■■■ L'IDENTIFICATION AU PERSONNAGE

L'acteur doit-il, pour interpréter son personnage, s'identifier complètement à lui, s'efforcer d'en ressentir toutes les émotions ? Ou bien doit-il rester intérieurement froid et détaché, et se borner à mimer la sensibilité et le caractère de son personnage ? Cette question centrale a inspiré à Diderot son *Paradoxe sur le comédien*.

On connaît la réponse du metteur en scène russe Stanislavski (voir p. 53). Toute sa méthode était basée sur l'abolition de la distance entre la vie réelle et l'illusion théâtrale. L'acteur qui travaillait sous sa direction devait s'efforcer de « revivre » telle ou telle émotion qu'il avait éprouvée dans le passé, pour rendre son interprétation plus convaincante. Certains acteurs de théâtre ont adopté cette philosophie : ils s'investissent entièrement dans leur rôle, se laissent volontairement « vampiriser » par leur personnage.

Les risques sont importants : non pas qu'un acteur jouant des rôles de criminel risque de devenir lui-même un criminel, mais le tumulte émotionnel du rôle peut perturber l'équilibre de l'acteur, et surtout amener une fatigue psychologique qui nuise au rôle. En effet, l'acteur de théâtre joue d'une façon répétitive. Tous les soirs, pendant parfois plusieurs mois, il jouera le même rôle. Il est impossible, après la trentième ou cinquantième représentation, de maintenir le même degré d'identification au personnage, surtout si le rôle comporte une grande intensité émotionnelle. C'est pourtant cette conception d'un jeu passionné, qui « brûle les planches », que préféraient, comme on peut le comprendre, les romantiques.

Mais il se trouve beaucoup de partisans de la thèse inverse, celle que Diderot développa dans *Le Paradoxe sur le comédien*, œuvre qu'il écrivit entre 1769 et 1777, sous forme de dialogue. Dans ce classique de la théorie dramatique, Diderot affirme que la « sensibilité vraie » et celle qui est jouée sur la scène sont de nature totalement différente. Le bon acteur, en effet, « joue » ; rien de ce qu'il exprime n'est naturellement ressenti, mais au contraire imité, souvent avec exagération. En fait, le comédien doit se garder de toute identification avec son personnage : « Il n'est pas le personnage, il le joue et le joue si bien que vous le prenez pour tel : l'illusion n'est que pour vous ; il sait bien, lui, qu'il ne l'est pas. » Selon Diderot, le grand acteur est un artiste en métamorphose ; il doit pouvoir adopter avec un égal bonheur une multitude de rôles différents. Or, cela n'est possible, précisément, que s'il « compose » ces divers rôles ; c'est-à-dire si sa sensibilité propre n'est pas engagée. Il reste intérieurement détaché des émotions qu'il mime, et peut entrer dans son rôle comme on endosse puis enlève un vêtement. Du reste, l'habillage et le maquillage des acteurs, avant l'entrée en scène, sont une excellente mise en condition. De même, le démaquillage et le retour aux vêtements ordinaires, après la représentation, marquent aussi pour l'acteur la transition entre deux univers étanches, le retour à la vie réelle.

Le grand acteur anglais Laurence Olivier, spécialiste des rôles shakespeariens, se déclarait résolument partisan de la conception formulée, entre autres, par Diderot. Pour lui, l'interprétation n'était point affaire de sensibilité, mais de travail. Si les acteurs de théâtre ont pu se partager entre ces deux points de vue opposés, l'identification et la composition, il est probable que, pour beaucoup, leur métier se situe à mi-chemin entre ces deux extrêmes.

■■■■■ LA PRÉSENCE PHYSIQUE DE L'ACTEUR SUR SCÈNE

La voix

Le théâtre est avant tout un art de la parole, à moins de tendre vers la pantomime, où le texte disparaît pour laisser place à un langage purement corporel. C'est ce que Samuel Beckett (voir chapitre 1, p. 16) expérimente, dans des pièces courtes intitulées *Actes sans paroles* (1962). Mais il ne s'agit là que d'un cas extrême. L'acteur de théâtre doit commencer par travailler la diction et maîtriser sa voix. Pierre Fresnay, qui fut acteur de théâtre et de cinéma, mais aussi professeur d'art dramatique, disait que l'apprenti comédien doit lire des livres sur la diction et la pratiquer méthodiquement. Le reste, d'après lui, s'apprenait tout seul, ce qui était certainement exagéré. Mais il est vrai que la « vérité » du jeu dramatique passe surtout par la justesse du ton et du rythme de la parole.

Vers et prose : le risque de l'artificiel

Autrefois, le public ne s'attendait pas à retrouver au théâtre le ton et le parler de la vie ordinaire. Au XVIIe siècle, en France, les tragédiens pratiquaient une déclamation très emphatique.

À partir du XVIIIe siècle, qui voit disparaître en France le genre de la tragédie classique, les acteurs s'orientent de plus en plus vers un jeu « naturel » qui donne l'illusion de la vie. C'est ce qu'attend aujourd'hui le public : nous avons tendance à juger l'acteur selon sa capacité à nous faire oublier qu'il joue.

D'où le problème des pièces en vers qui sont jouées à notre époque : comment peut-on dire des vers de théâtre sans que le jeu soit perçu comme artificiel ? Certaines tentatives de « modernisation » ont été des échecs, comme la version de *Bajazet* montée en 1985 au Carré Silvia Montfort, où les acteurs récitaient les alexandrins comme de la prose, aplatissant totalement le texte de Racine. Laurence Olivier préconisait une diction qui concilie à la fois un certain naturel et le respect du rythme prosodique. L'acteur doit, selon lui, atteindre à la vérité du rôle à travers les contraintes formelles du vers. Cet idéal exige non seulement une grande intelligence du texte, mais également des qualités physiques, en particulier la capacité de régler son souffle et sa respiration. Sarah Bernhardt pouvait réciter quatre alexandrins sans reprendre son souffle, ce qui exige de longs et patients exercices.

Le jeu corporel

Traditionnellement, avant le XVIIIe siècle, le jeu tragique mettait plutôt l'accent sur la déclamation, le jeu comique sur les expressions corporelles et faciales. Beaucoup des *lazzi* de la *commedia dell'arte* étaient des « gags » purement visuels. Du reste, les acteurs italiens étaient souvent experts en jongleries et acrobaties de toutes sortes. Mais ces distinctions devinrent caduques en France après le classicisme, alors que les genres n'étaient plus aussi strictement séparés au théâtre. De plus, certains tragédiens avaient déjà innové en matière de jeu corporel : au XVIIe siècle, Mlle Dumesnil, par exemple, avait choqué son public en courant sur scène pour exprimer son émotion. Voltaire, bien qu'il eût l'ambition d'être le Racine du XVIIIe siècle, considérait néanmoins le jeu des acteurs comme essentiellement corporel. Il admirait par exemple la hardiesse de son interprète Mlle Clairon, qui, jouant le rôle de Sémiramis dans l'une de ses tragédies, se traînait sur le plancher de la scène près d'un tombeau, pour donner du relief à la scène de l'agonie.

Contrairement à ce qui se passe au cinéma, les acteurs de théâtre jouent en présence du public. Une grande partie du jeu théâtral consiste pour l'acteur à « sentir » son public, à établir une bonne communication avec lui. S'il n'y parvient pas, la pièce est un échec. Or, ce rapport est paradoxal, voire contradictoire, puisque l'on doit jouer comme si le public n'était pas là, tout en sachant qu'il est là. Diderot, là encore, avait analysé le problème dans son *Discours de la poésie dramatique*. Il s'agit de la théorie dite « du quatrième mur ». Si l'on considère que la scène est un cube, fermé par trois « murs » dans le fond et sur les deux côtés, les acteurs, selon Diderot, doivent imaginer un « quatrième mur », séparant la scène de la salle, et jouer comme si le public n'était pas là, ou ne pouvait pas les voir. Ainsi s'établit l'illusion théâtrale : la scène devient un lieu clos, et le public peut avoir l'impression d'assister à une action de la vie réelle, à travers une fenêtre.

C'est précisément cette barrière imaginaire, qui établit une dualité entre scène et salle, regardés et regardants, que Jean-Jacques Rousseau critiquait dans le théâtre. Dans la *Lettre à d'Alembert sur les spectacles*, Rousseau place la fête populaire au-dessus du théâtre, car la fête est un spectacle où toutes les personnes présentes peuvent être acteurs et participer activement. Ce problème de la séparation entre scène et salle, acteurs et spectateurs passifs, a préoccupé beaucoup de metteurs en scène modernes, et a entraîné des bouleversements dans la technique scénographique.

La scénographie

La scénographie est à distinguer de la mise en scène proprement dite : il s'agit de l'agencement technique de l'espace architectural de la scène, par rapport à la salle. Il existe deux grands types de scènes au théâtre. La plus traditionnelle est la scène « frontale », dite « à l'italienne », qui s'est progressivement imposée à partir du XVIᵉ siècle, et qui établit nettement la séparation entre acteurs et public ; celui-ci est assis face à la scène, délimitée par la rampe. La scénographie d'avant-garde, au contraire, n'enferme plus les acteurs à l'intérieur de cet espace clos, mais permet des interactions et des échanges entre les comédiens et le public.

L'une des tentatives les plus réussies dans ce domaine est sans doute celle d'Ariane Mnouchkine et de sa troupe, le Théâtre du Soleil. Lors de la création de *1789*, à la Cartoucherie de Vincennes, le public eut la surprise de se voir intégré au spectacle. En effet, le spectateur restait debout, pouvait évoluer dans la salle à son gré. Les diverses scènes simultanées auxquelles il pouvait assister étaient des reconstitutions réalistes d'événements quotidiens sous la Révolution ; des orateurs improvisés et des harangueurs s'adressaient au peuple au coin de la rue. Dans la « pièce », les spectateurs furent invités à jouer, en figurants, le rôle du peuple venant écouter ces tribuns leur expliquer que la Révolution française, faite par le peuple, venait d'être détournée par la bourgeoisie. Dans ce cas, les dimensions esthétiques et politiques du spectacle ne font plus qu'une.

Les interactions avec le public

En dehors de ces mises en scène expérimentales, le public n'est pas entièrement passif au théâtre. Le public des siècles précédents était souvent très agité. Dans le théâtre anglais de l'époque élisabéthaine, et en France à l'époque de Louis XIII, le public se manifestait bruyamment : injures, quolibets, voire projectiles s'abattaient couramment sur l'acteur ennuyeux. Les nobles avaient souvent leurs sièges au bord même de la scène, gênant les évolutions des comédiens.

Ce public, turbulent et chahuteur, était en contrepartie extrêmement sensible et spontané. Les bons acteurs pouvaient jouer de leurs spectateurs comme d'un instrument de musique, les plonger dans l'hilarité ou leur arracher des larmes : la salle était une merveilleuse « caisse de résonance » de la scène. Elle l'est toujours aujourd'hui, mais les publics contemporains semblent plus réservés. Cet échange presque magique que les grands acteurs pouvaient établir avec leur public atteignait parfois des paroxysmes absurdes. Stendhal, dans *Racine et Shakespeare*, relate un fait divers survenu dans un théâtre de Philadelphie en 1810, lors d'une représentation d'*Othello*. Au moment où l'acteur jouant le Maure de Venise s'apprêtait à « assassiner » par jalousie Desdémone endormie, un spectateur bondit de son siège en criant au meurtre, et tira un coup de pistolet sur l'interprète d'Othello. Ce geste forcené est peut-être le plus bel hommage que reçut jamais un acteur de théâtre !

Les auteurs dramatiques eux-mêmes, pour peu qu'ils aient l'expérience du spectacle, savent quel parti ils peuvent tirer de cette complicité entre acteurs et spectateurs. La technique de l'*aparté* (voir p. 42) est une manière d'exploiter cette communication, puisque l'acteur, rompant un instant l'illusion théâtrale, s'adresse directement au public et le prend à témoin. La comédie l'a toujours pratiqué : Molière, Beaumarchais, Feydeau et, au XXe siècle, Sacha Guitry. Ce dernier a intitulé l'une de ses pièces : *N'écoutez pas mesdames*, reprenant un même aparté plusieurs fois au cours de la pièce. Il n'est guère d'auteurs dramatiques, en définitive, qui n'écrivent en fonction des acteurs et du public. L'auteur sait que son texte dramatique est le point de départ d'une œuvre collective, dont les acteurs sont un élément vital.

6 La tragédie

LA TRAGÉDIE ANTIQUE

Le philosophe allemand Nietzsche, dans son livre *La Naissance de la tragédie*, a tenté d'expliquer historiquement l'apparition de ce genre majeur du théâtre dans la république athénienne du Vᵉ siècle av. J.-C. En fait, les modalités de cette apparition ne sont pas encore connues avec certitude aujourd'hui. Nous avons parlé des origines sacrées et rituelles du théâtre (voir p. 6-7). À cela il faut ajouter deux éléments clés pour comprendre la naissance de la tragédie dans la Grèce antique : le théâtre est un art communautaire. Il s'est développé à partir des rites et des célébrations officielles de la cité. En outre, ses sujets étaient tirés des mythes et des légendes communs aux principales cités grecques.

Trois noms prestigieux résument l'épanouissement de la tragédie : Eschyle, Sophocle et Euripide. On considère Eschyle (525-456 av. J.-C.) comme le fondateur du genre. Ses tragédies s'inspirent de sujets mythologiques, comme son *Prométhée enchaîné*, ou bien de l'histoire récente, comme dans *Les Perses*, qui fait référence aux guerres qui opposèrent les cités grecques au puissant empire perse. Avec Sophocle (495-406 av. J.-C.), la tragédie atteint sa maturité littéraire. De son œuvre considérable, on a conservé sept tragédies, dont *Antigone, Électre* et *Œdipe roi*. Toutes ces œuvres s'inspirent de sujets mythologiques, qui seront repris par des auteurs français du XXᵉ siècle : Jean Anouilh a « réécrit » *Antigone* et Jean Giraudoux *Électre*. Enfin, Euripide (480-406 av. J.-C.) est peut-être le premier auteur tragique « moderne » de la Grèce antique. Si ses sujets sont toujours tirés de la mythologie, il met en doute la véracité de ces récits. Dans ses pièces, il analyse avec finesse la psychologie très humaine qu'il attribue aux personnages divins et héroïques.

Après Euripide, le déclin des cités grecques entraîne le déclin de la tragédie elle-même, trop liée à la vie collective de la cité-État. Lorsque le philosophe Aristote, au ɪᴠᵉ siècle av. J.-C., compose son traité sur la tragédie intitulée *Poétique*, la grande période du genre était déjà passée, un peu comme ce fut le cas en France après Racine.

ARISTOTE ET LA TRAGÉDIE

L'ouvrage d'Aristote exerce toujours une influence immense plus de dix-huit siècles après la mort de son auteur. Sans la *Poétique*, la tragédie n'aurait sans doute pas existé en tant que telle en Europe. À partir de la Renaissance, ce texte a été maintes fois traduit (parfois très librement), interprété, et commenté. Résumons la théorie qu'il expose.

Qu'est-ce qu'une tragédie ?

Pour Aristote, c'est l'imitation (*mimesis*, en grec) d'une action sérieuse et complète en elle-même, dans une forme dramatique, et non pas narrative comme dans la poésie épique ; cette « action dramatique » (c'est-à-dire jouée sur scène par des acteurs) comporte des péripéties qui se terminent par une situation très malheureuse, laquelle suscite chez le public les deux sentiments de pitié et de peur. Une tragédie se compose de six éléments, qui sont respectivement la *fable* (ou intrigue de la pièce), les *personnages*, la *diction*, la *pensée*, le *spectacle*, et enfin la *mélodie* (car le spectacle tragique était accompagné de musique).

La fable

La fable, ou intrigue, est la combinaison logique des péripéties de l'histoire représentée dans la pièce. Si l'intrigue est bien construite, on ne doit pas pouvoir en retrancher une seule péripétie sans détruire la cohérence de l'ensemble. Il n'y entre donc aucun incident inutile à l'action. La fable est la partie la plus importante, car selon Aristote, une tragédie représente des actions, non des personnages : les personnages sont là pour servir l'action, et non l'inverse. Trois éléments distincts composent la fable :

– la *péripétie* au sens strict, lorsque l'on passe d'une situation à son opposé (par exemple, quand un personnage socialement puissant déchoit et devient misérable) ;

– la *reconnaissance*, ou passage de l'ignorance à la connaissance (par exemple, Œdipe apprenant que la reine Jocaste, qu'il a épousée, est en fait sa mère) ;

– la *catastrophe*, qui est une action destructive et douloureuse (Œdipe se crevant les yeux et s'en allant comme un mendiant, après avoir appris l'horreur de son destin).

Enfin, selon le philosophe, la fable doit être assez élaborée. En France, au XVIIe siècle, Corneille suivra ce précepte, alors que Racine, au contraire, cherchera à simplifier ses intrigues.

Les personnages

Le protagoniste, ou personnage principal, doit être plutôt du côté du bien, ou du moins occuper une position intermédiaire entre le bien et le mal ; son malheur doit être provoqué par une erreur de jugement plutôt que par un vice foncier. Ce point particulier était très important pour Racine, qui précise dans la préface de *Phèdre* qu'il a pris soin de ne pas donner à son héroïne les traits monstrueux que les versions précédentes lui avaient conférés, de manière à rendre son malheur plus touchant.

Dans l'ensemble, les personnages d'une tragédie doivent être représentés d'une manière appropriée et réaliste. Ils doivent enfin conserver une unité psychologique d'un bout à l'autre de la pièce. Il importe que leurs actions apparaissent comme les conséquences logiques de leur caractère.

■■■■■■ LES RÈGLES DE LA TRAGÉDIE CLASSIQUE EN FRANCE

La *Poétique* fut, comme nous l'avons dit, maintes fois traduite et commentée pendant la Renaissance. Un commentateur du XVIe siècle, Scaliger, en déduisit certaines règles qui allaient être appliquées au siècle suivant : Scaliger est à l'origine, notamment, des fameuses « unités » de temps, de lieu et d'action. Aristote ne mentionne que les unités de temps et d'action ; l'unité de lieu fut proposée et développée au XVIᵉ siècle.

Les trois unités

Vers 1630, un débat fait rage dans les milieux du théâtre en France : les partisans de l'application rigoureuse des unités s'opposent aux auteurs qui défendent au contraire une application plus souple, voire une complète liberté de composition. Vers 1640, les trois unités finissent par s'imposer : elles correspondent, pense-t-on, aux préceptes du goût, de la maîtrise artistique et de la raison. Contemporaine du *Discours de la méthode*, de Descartes, cette victoire des unités marque le commencement du classicisme, vision d'un art dominé par la raison, et qui culminera sous le règne de Louis XIV.

Rappelons brièvement en quoi ces trois unités consistent : l'unité d'action implique qu'il n'y ait qu'une seule intrigue principale dans la pièce ; l'unité de temps implique que l'action de la pièce se déroule dans la limite de vingt-quatre heures[1] ; enfin, l'unité de lieu, la plus controversée, ne se trouvait pas chez Aristote, et n'a jamais été très clairement définie. Pour certains, le « lieu unique » où doit se dérouler l'action de la pièce est tout l'espace que peut embrasser le regard[2] ; chez Racine, ce lieu unique est plus circonscrit : c'est l'intérieur d'un appartement, dans un palais, ou bien une antichambre.

Les unités : cadre artificiel ou idéal ?

De nombreux auteurs et théoriciens se sont posé cette question, dès le XVIIᵉ siècle. Dans ses *Trois Discours*, où il réfléchit sur l'art dramatique, Corneille avoue qu'il n'a jamais été très à l'aise avec les règles des unités. L'unité d'action aide

---

1. Certains théoriciens du XVIIᵉ siècle iront même plus loin, en déclarant que l'action doit pouvoir se dérouler entre le lever et le coucher du soleil, donc en moins de vingt-quatre heures.
2. Telle est l'opinion de Voltaire, qui s'efforce, au XVIIIᵉ siècle, de maintenir vivante la tradition de la tragédie classique.

sans doute l'intrigue de la pièce à demeurer claire et cohérente, mais elle limite l'audace et l'imagination. Corneille lui-même aimait les pièces qu'il appelait « implexes », c'est-à-dire chargées d'événements, et dotées d'une intrigue compliquée, pleine de rebondissements ; à l'unité d'action, il préférait l'*unité de péril*, c'est-à-dire l'existence d'un danger unique qui relie les composantes de l'action. L'unité de temps contraint parfois les auteurs à l'invraisemblance : on cite toujours l'exemple du *Cid*. Pour respecter l'unité de temps, Corneille impose à son héros une journée d'enfer, comme on dirait aujourd'hui ! Rodrigue doit se battre deux fois en duel, mener une armée à l'assaut contre les Maures, avoir des entrevues tendues et pathétiques à l'extrême avec son père, son roi et la femme qu'il aime, et tout cela en moins de vingt-quatre heures ! Quant à l'unité de lieu, c'est celle que les romantiques, comme Victor Hugo, ont dénoncée avec le plus de véhémence, car elle contraint les auteurs à des arrangements absurdes : comment admettre que les conspirateurs, par exemple, viennent comploter dans la salle même où se trouve le trône du tyran à abattre ?

De nos jours, nous aurions donc tendance à donner raison à Molière, qui ne voyait dans ces règles que pédanterie et snobisme de la part des intellectuels de l'époque. La seule règle, déclare-t-il dans sa *Critique de l'École des femmes*, c'est de plaire.

Toutefois, l'objectivité oblige à reconnaître que, chez certains auteurs, Racine le premier, l'application intelligente des trois unités a magnifiquement servi l'art de la tragédie, et du théâtre en général. Comment ? Prenons l'unité d'action. Contrairement à Corneille, Racine écrit une pièce à partir de « presque rien », il aime réduire l'intrigue au minimum. La tragédie racinienne, en effet, est économe et concentrée : elle est tout entière focalisée sur une « crise », qui peut logiquement éclater et se résoudre en quelques heures ; mais ces quelques heures suffisent à décider de toute une vie, de toute une destinée.

Conséquence de cette intrigue réduite à un paroxysme critique, l'unité de temps apparaît tout à fait naturelle, de même que l'unité de lieu, car cette crise n'a pas besoin de beaucoup de temps ni d'espace pour se dérouler. C'est donc une esthétique de la concentration extrême : le temps de la crise est bref mais riche en tension émotionnelle ; le lieu tragique, par son exiguïté même, devient un lieu théâtral parfait, car c'est un carrefour de forces qui s'affrontent, en une lutte puissante et fatale. Cette unité de lieu peut également mettre en valeur l'importance symbolique d'un endroit particulier, comme le Temple de Jérusalem dans *Athalie*. Dans cette tragédie biblique, ce temple, demeure du Dieu d'Israël, fonctionne comme le cœur à la fois historique et religieux de tout le royaume. Il est donc habile de la part de Racine d'en faire le centre nerveux de la pièce : « Oui, je viens dans son temple adorer l'Éternel », déclare Abner, dès le premier vers de la pièce.

La règle des trois unités a donc fourni à Racine un cadre idéal pour sa vision personnelle de la tragédie : pour lui, en effet, c'est dans le cœur des personnages, et non dans les péripéties extérieures, que réside l'essence du tragique. Racine nous montre la fatalité destructrice des passions, telle que la volonté de puissance dans *Athalie*, ou la jalousie dans *Phèdre*, qui amène les héros tragiques à leur ruine. C'est sans doute grâce aux règles, et non pas malgré elles, que Racine atteint à la perfection de la tragédie. Mais les trois unités ne sont pas les seules règles : il s'y ajoute les *bienséances* et le *vraisemblable*.

Les bienséances

Le mot « bienséances » désignait, au XVIIᵉ siècle, un ensemble de règles tacites qui avaient pour objectif de ne choquer le public ni sur le plan moral ni sur le plan esthétique. La première de toutes les bienséances pourrait constituer une quatrième unité : il s'agirait de l'unité de *ton*, qui veut que l'on ne mélange pas les genres. L'univers de la tragédie doit toujours s'exprimer d'une manière noble et conforme à son rang, même si c'est pour dévoiler un caractère odieux. Chez Racine, Néron lui-même n'oublie pas les bonnes manières. C'est ainsi que l'on évite toute référence trop claire aux fonctions biologiques et à la sexualité.

Les classiques pratiquent également l'art de la *litote*, qui consiste à dire moins que l'on ne pense. Lorsque Chimène dit à Rodrigue : « Va, je ne te hais point » (acte III, scène 4), elle veut dire qu'elle l'aime passionnément. Mais il eût été mal-séant de lui faire faire une déclaration enflammée. En général, les bienséances consistent à ne pas choquer le goût ni les préjugés du public. Les personnages doivent être présentés tels que le public les imagine, même si cela revient à flatter les idées toutes faites que les Français de l'époque pouvaient avoir sur d'autres peuples. Un théoricien dramatique, La Mesnardière, écrivait, dans les années 1630, qu'un auteur ne devait jamais faire « un subtil d'un Allemand ou un modeste d'un Espagnol » !

Le vraisemblable

« Le vrai peut quelquefois n'être pas vraisemblable », dit très justement Boileau. La tragédie, pour avoir sur le public l'effet recherché qui est de lui inspirer pitié et peur, doit offrir aux spectateurs une histoire crédible, qui pourrait avoir lieu en réalité. Mais cela ne suffit pas : non seulement on doit bannir de l'intrigue des éléments fantastiques ou impossibles, mais l'on doit même éviter de présenter des situations qui, bien que théoriquement possibles dans la vie réelle, sont trop rares et extraordinaires. Il faut, en d'autres termes, que le public puisse s'identifier aux personnages et se reconnaître dans les situations qu'ils vivent. Il faut donc que ces événements apparaissent non seulement possibles, mais probables, courants. La vraisemblance, comme les unités, n'est donc pas une règle totalement artificielle : elle sert esthétiquement le but même de la tragédie, qui est, selon Aristote, de provoquer compassion et terreur chez les spectateurs. Une histoire invraisemblable, précisément, ne saurait provoquer de tels sentiments.

▆▆▆ LA TRAGÉDIE PEUT-ELLE AVOIR UNE FIN HEUREUSE ?

Aristote insistait sur l'importance de la « catastrophe » finale. À l'époque de Shakespeare, en Angleterre, on définissait la tragédie comme l'histoire de la chute d'un personnage illustre, qui passe de la prospérité au malheur, et finit misérablement. Enfin, dans le langage courant, le mot tragédie est teinté de pessimisme : on qualifie de tragiques des événements terribles, tels que des guerres, des massacres, des désastres naturels...

L'idée d'une tragédie qui se terminerait bien semble donc, à première vue, contradictoire. On se souvient (voir p. 9) qu'au début du XVIIᵉ siècle existait un genre théâtral appelé tragi-comédie : ce genre de pièces n'était pas un mélange de tragique et de comique, mais une tragédie à fin heureuse. Il avait donc paru nécessaire de créer un mot différent pour désigner ce genre hybride.

Et pourtant, Corneille et Racine oseront, sur ce point, contredire Aristote et l'opinion traditionnelle. En effet, si la fin catastrophique était une condition absolue, une pièce telle que *Cinna* ne pourrait être classée comme tragédie. Dans cette pièce, Corneille s'inspire d'un épisode de l'histoire romaine : l'empereur Auguste découvre que Cinna, qu'il aimait et protégeait comme un fils, a dirigé un complot visant à l'assassiner. Cinna, un peu comme Rodrigue dans *Le Cid*, agissait surtout par amour : la femme qu'il aimait, Émilie, dont le père avait été exécuté sur l'ordre d'Auguste pour des raisons politiques, avait chargé Cinna de sa vengeance. On attendrait donc, après que la conspiration est dévoilée, un châtiment exemplaire tombant sur les amants. Mais c'est la clémence d'Auguste, et non son courroux, qui se manifeste à la fin de la pièce. Dans un noble monologue, l'empereur annonce son intention de pardonner :

> Je suis maître de moi comme de l'univers.
> Je le suis, je veux l'être. O siècles, ô mémoire,
> Conservez à jamais ma dernière victoire !
> Je triomphe aujourd'hui du plus juste courroux
> De qui le souvenir peut aller jusqu'à vous.
> Soyons amis, Cinna, c'est moi qui t'en convie...
>
> (V, 3.)

Cela nous rappelle que la morale de Corneille est profondément optimiste. Pour lui, qui insiste tant, dans ses pièces, sur le contraste entre les héros et les médiocres, l'individu supérieur peut dominer ses passions, et par là son destin, échappant ainsi à l'engrenage catastrophique de la tragédie.

Mais, si la fin malheureuse n'est pas indispensable, qu'est-ce qui différencie la tragédie cornélienne d'autres genres dramatiques ? Peut-on encore l'appeler tragédie ? C'est la grandeur héroïque, pour Corneille, qui est la base du tragique. L'essentiel est de voir le héros aux prises avec les forces de l'adversité ; c'est ce combat, et non pas l'issue heureuse ou malheureuse, qui constitue l'essence du tragique. Corneille remplace volontiers le malheur par le sublime. Ainsi de la réplique du vieil

Horace (voir p. 39) à qui l'on demande :

> Que vouliez-vous qu'il fît contre trois ?
> Qu'il mourût, *(Horace*, III, 6).

Le sublime, plus que le malheur, est chez Corneille l'essence du tragique.

Racine est en accord avec Corneille, même si sa vision de l'humanité est très différente. Contrairement à Corneille, il montre les humains impuissants *contre* leurs passions et contre le destin, mais insiste sur la noblesse et la grandeur des héros tragiques. Nul besoin de sang ni de mort violente, explique-t-il dans la préface de *Bérénice*. « Il suffit que l'action en soit grande, que les acteurs soient héroïques, que les passions y soient excitées, pour provoquer cette tristesse majestueuse qui fait tout le plaisir de la tragédie. »

██████ LA TRAGÉDIE APRÈS LE XVIIᵉ SIÉCLE

Si l'on se limite à la France, il est certain que la mort de Louis XIV, en 1715, sonne le glas de la tragédie classique. Même si l'on continue d'écrire des tragédies, le genre ne retrouvera jamais l'éclat que lui ont donné Corneille et Racine. Qui lit encore les nombreuses tragédies en vers composées par Voltaire ? Et pourtant, l'auteur de *Candide* et de *Zadig* rêvait de passer à la postérité comme digne successeur de Racine, et non comme auteur de contes philosophiques. C'est que le climat social, depuis la Régence, n'était plus propice à la tragédie : cette dernière, en effet, ne peut s'épanouir qu'au sein d'une culture qui croit au destin, et voue un culte à la grandeur héroïque. Un climat comme celui du XVIIIᵉ siècle, qui voit la décadence irrémédiable de l'aristocratie, et le développement d'une littérature satirique, ironique, contestant les valeurs établies, allait à l'encontre de la tragédie.

Peut-être la tragédie, dans sa forme classique, ne pouvait-elle exister que dans une société dominée par les valeurs aristocratiques : honneur, gloire, absolutisme moral. Or, au XVIIIᵉ siècle, ces valeurs périclitent avec la montée en puissance de la bourgeoisie. Cette nouvelle classe dominante aspire à un théâtre plus proche de son univers social et moral. Aussi voit-on apparaître, au milieu du XVIIIᵉ siècle, un genre nouveau, le drame bourgeois (voir p. 23). Enfin, si la tragédie est de plus en plus absente de la scène, c'est aussi parce que, après 1789, il n'est plus besoin d'aller au théâtre : la tragédie, avec ses ingrédients de catastrophes, de crises, de passions héroïques, se trouve dans l'Histoire elle-même. Quelle plus belle tragédie que le destin de Robespierre ? Quant à Napoléon, qui s'étonnera qu'il ait eu de l'admiration pour Corneille ?

Les romantiques (voir p. 11), auront de nouvelles raisons, surtout esthétiques, de vouloir en finir avec la tragédie classique et ses règles. Au XXe siècle, un nombre important de pièces, si elles ne suivent plus les règles de la tragédie classique, comportent néanmoins des éléments tragiques. Certaines reprennent des sujets de la tragédie grecque antique : *Antigone*, de Jean Anouilh, et *La Machine infernale*, de Jean Cocteau. On trouve aussi du tragique dans les pièces de Henry de Montherlant : notamment dans ses pièces « espagnoles », telles que *Le Maître de Santiago* ou *Le Cardinal d'Espagne*, où se manifestent ces attitudes nobles et altières dans le malheur, qui sont communément attribuées au caractère espagnol. Enfin, le « théâtre de l'absurde » des années cinquante pourrait lui aussi être considéré comme une forme particulière de la tragédie, mais il s'agirait alors d'un tragique différent, autant par la philosophie que par le style, qui pour dire le moins, n'est pas toujours empreint de noblesse ni de « bienséance » ! Le tragique, de nos jours, est tout aussi présent qu'au XVIIe siècle, mais il sort de plus en plus des cadres du théâtre.

■■■■■ TRAGIQUE ET TRAGÉDIE

Le tragique ne saurait se réduire à un ensemble de « recettes » théâtrales ou de règles dramatiques. Même si, historiquement, le théâtre a donné au tragique un cadre d'expression idéal, il n'en a pas pour autant le monopole. Cela nous amène à poser la question : qu'est-ce que le tragique ? Ce mot désigne une vision particulière du monde et de la vie, où l'homme est aux prises avec des forces qui le dépassent et, finalement, le détruisent, ou du moins lui révèlent son impuissance et sa misère. Ces forces sont souvent exprimées à travers la notion de fatalité.

La fatalité,
condition première du tragique

Si l'on se demande pourquoi la tradition tragique est née chez les Grecs, voici une réponse possible : les Grecs croyaient au destin comme en une force mystérieuse et toute-puissante, à laquelle l'humanité, l'univers, et les dieux eux-mêmes étaient soumis. Ils désignaient cette destinée implacable par les termes *moira* ou *anankê*. L'essence du tragique est la lutte héroïque, mais vouée à la défaite, de l'homme contre la fatalité.

C'est donc la présence de ce destin tout-puissant qui définit le tragique, même si la forme d'expression n'est pas le théâtre : *Notre-Dame de Paris*, que Victor Hugo publie en 1831, est un chef-d'œuvre du roman tragique. Dans sa préface, l'auteur relate une circonstance sans doute fausse, mais significative : l'idée du roman lui serait venue lors d'une visite de la cathédrale parisienne, en voyant un mot gravé dans la pierre de l'édifice. Ce mot, écrit en lettres grecques, était *anankê*. Le sens tragique de la fatalité, du reste, dépasse la littérature : la peinture et la sculpture ont traité beaucoup de sujets tragiques. La musique elle-même, que ce soit dans les symphonies de Beethoven ou les opéras de Wagner, peut exprimer, selon le titre d'un opéra de Verdi, la force du destin.

Aspects du tragique moderne

Sans doute, le développement du rationalisme scientifique, à partir du milieu du XIXe siècle, rend-il improbable la croyance, somme toute mystique, en une force transcendante et mystérieuse qui réglerait nos vies individuelles.

Mais à la fatalité antique s'est substituée une fatalité moderne, qui prétend parfois avoir des bases scientifiques : c'est ainsi que les romans du cycle des Rougon-Macquart, de Zola, expriment une variante du tragique. C'est le principe de l'hérédité, auquel s'intéressait beaucoup la médecine de l'époque, qui joue, pour les personnages de Zola, le rôle de la fatalité. De même que, dans la mythologie grecque, la malédiction d'Atrée se transmettait à tous les Atrides, ses descendants (parmi lesquels Agamemnon, Électre, Oreste), ce sont les tares congénitales causées par l'alcoolisme que la famille de Gervaise, l'héroïne de *L'Assommoir*, se transmet de génération en génération. Quelle que soit leur bonne volonté, le « poison » que les enfants ont hérité des parents finira par entraîner leur perte.

Même si l'issue finale n'est pas catastrophique, le tragique moderne se trouve dans toute expérience qui révèle, de façon douloureuse et désespérante, la fragilité et la misère de la condition humaine. Ce n'est pas un hasard si Ionesco a défini sa pièce absurde *La Cantatrice chauve* comme une « tragédie du langage ». Censé véhiculer ce qui fonde la supériorité de l'homme sur l'animal, à savoir la raison, le langage logique est littéralement désarticulé dans cette pièce, où l'on voit un quatuor de personnages échanger des propos incohérents ou des platitudes grotesques telles que « le plafond est en haut, le plancher est en bas ». L'impuissance de la raison humaine est ainsi reflétée dans le naufrage des mots. En somme, le tragique peut être produit par tout ce qui montre à l'homme qu'il ne peut pas contrôler sa vie : le temps, les déterminismes biologiques, voire les conventions sociales, qui se retournent contre l'individu.

Le tragique le plus sombre est sans doute l'absurde, la vaine recherche du sens de la vie dans un univers qui n'offre aucune signification. Ce thème n'est pas né avec Camus, bien que son nom s'impose chaque fois qu'il est fait référence aux philosophies de l'absurde. Mais, déjà au début du siècle, le romancier de langue allemande Franz Kafka (1883-1924), dans *Le Procès*, roman qu'André Gide a adapté au théâtre, nous montre la lutte inutile d'un homme contre des forces absurdes et aveugles qui ont décidé sa perte.

On voit donc que le tragique, s'il a trouvé son expression la plus adaptée dans une certaine forme théâtrale, dont les grandes périodes ont été l'Antiquité grecque et le XVIIe siècle en France, est une vision du monde qui traverse les siècles et les différentes formes d'expression artistique. Présent dans la littérature, les arts et la philosophie, il constitue une sorte de verre grossissant, à travers lequel l'humanité observe avec angoisse ce mélange de grandeur et de faiblesse qui la définit.

7 La comédie

Comme le tragique, le comique est une catégorie universelle qui transcende les différentes formes d'expression : on peut trouver une dimension comique dans tous les genres littéraires, ainsi que dans les arts plastiques, le cinéma, et même, selon certains, dans la musique[1]. Le comique, sous toutes ses formes, fait partie de notre nature humaine. Comme le disait Rabelais dans la préface de *Gargantua* : « Rire est le propre de l'homme. » Là encore, comme pour le tragique, le théâtre a, de tout temps, fourni au comique un cadre idéal : au comique verbal s'ajoute le comique des gestes, des mimiques, des personnages et des situations. Alliant le texte à la présence physique des comédiens, le théâtre donne au comique toute sa résonance.

███████ LES ORIGINES DE LA COMÉDIE

La comédie, comme la tragédie, est née en Grèce. L'étymologie du mot *comédie* n'est pas certaine : il proviendrait soit d'un mot signifiant « faire la fête », « faire le pitre » ou encore signifiant « village ». Dans les deux cas, l'étymologie nous indique que la comédie en tant que forme théâtrale trouve son origine dans les fêtes villageoises et paysannes. Ces fêtes combinaient un élément rituel et religieux avec le goût des débordements burlesques. Les carnavals, dans le monde entier, ont gardé quelque chose de ces pratiques folkloriques. En Grèce, ces réjouissances coïncidaient souvent avec des

---

1. La possibilité d'un « humour musical » n'est pas aussi évidente que celle d'un humour verbal, ou graphique. Cependant certains compositeurs, comme le Français Erik Satie (1866-1925), ont expérimenté, avec un certain bonheur, le comique musical.

cérémonies en l'honneur des dieux de la fertilité et de la fécondité : on y célébrait Dionysos (Bacchus chez les Latins), dieu de la vigne et de l'ivresse, ainsi que Priape, dont l'emblème était un énorme phallus. C'étaient des fêtes de la vie, des plaisirs, où l'on aimait transgresser les interdits : on y portait des masques grotesques et l'on y tenait des discours licencieux et parodiques, raillant les autorités.

Quand ces fêtes donnèrent naissance à des formes de spectacle théâtral, une distinction se fit entre la comédie littéraire, sophistiquée, et une comédie populaire. En Grèce, Aristophane (450-386 av. J.-C.) fut le fondateur de la comédie littéraire, comme Eschyle fonda la tradition tragique. Chez les Latins, Plaute (254-184 av. J.-C.) et Térence (185-159 av. J.-C.) furent ses héritiers. Parallèlement, on vit se développer chez les Romains une comédie plus populaire, l'*atellane*, pratiquée par des troupes itinérantes, et ancêtres des jongleurs, saltimbanques, bateleurs du Moyen Age, et plus tard, à la Renaissance, de la *commedia dell'arte*.

▬▬ LA DISTINCTION ENTRE TRAGÉDIE ET COMÉDIE

Dès le départ, dans l'Antiquité grecque, le tragique et le comique ont été perçus comme deux univers séparés. Tragédie et comédie reflétaient deux facettes opposées et complémentaires de la vie. Cette distinction était sociale : la tragédie représentait les grands de ce monde, héros et princes, alors que la comédie représentait les couches inférieures de la société : marchands, paysans, esclaves.

La séparation des deux genres, observée, en France, jusqu'à la fin du XVIIᵉ siècle, entraîne une différence de *thème* et une différence de *ton*. La tragédie traite d'événements graves et sérieux, qui souvent impliquent non seulement la vie privée des grands personnages, mais aussi les royaumes et empires qu'ils dirigent ; la comédie, au contraire, ne s'attache qu'aux affaires de la vie privée, qui se résolvent toujours de manière positive. D'autre part, le ton de la tragédie est nécessairement noble et sévère, alors que, dans la comédie, le langage du peuple, les plaisanteries parfois grivoises et les jeux de scènes burlesques sont d'usage.

Le point de vue d'Aristote

La *Poétique* d'Aristote, même si elle est consacrée à la tragédie, contient aussi, pour souligner le contraste, quelques observations sur la comédie. Le philosophe définit cette dernière comme « la représentation théâtrale du Ridicule », et ajoute que si la tragédie montre l'humanité meilleure qu'elle n'est, la comédie, au contraire, nous montre les hommes pires qu'ils ne sont dans la réalité. Meilleurs, pires : non pas exactement dans un sens moral, puisque les héros tragiques peuvent commettre de graves fautes, voire des crimes, tandis que les personnages comiques ne sont pas nécessairement mauvais. Mais même dans le mal, le personnage tragique se comporte toujours avec la dignité requise par son rang aristocratique (voir p. 73) ; il, ou elle, peut être pitoyable, mais jamais ridicule. Le personnage comique, à l'inverse, même émouvant, n'est jamais admirable. Ce serait contraire à l'essence de la comédie, qui est de montrer, en les exagérant par la caricature, les faiblesses et les ridicules de l'humanité. Un contemporain de Shakespeare, Sir Philip Sidney, définissait la comédie comme « l'imitation des erreurs les plus communes de la vie, que l'auteur comique représente de la manière la plus ridicule et risible qui soit, de telle sorte qu'aucun spectateur ne souhaiterait ressembler [aux personnages comiques] ».

Le mélange des genres

Si, jusqu'à la fin du XVIIᵉ siècle, l'accord est unanime sur cette définition, qui prolonge celle d'Aristote, on trouve un désaccord profond, entre les différentes cultures européennes, sur la nécessité de maintenir la séparation, voulue par les Grecs, entre tragédie et comédie. C'est ainsi que les écrivains classiques français méprisaient Shakespeare (du moins ceux qui le connaissaient) car, à leurs yeux, il avait eu l'impardonnable mauvais goût de mêler, à l'intérieur d'une même pièce, des éléments nobles et sublimes, relevant du registre tragique, à des éléments grivois et légers, appartenant à l'univers de la comédie, comme dans *Hamlet* et *Le Roi Lear*. C'est que le goût français a été très marqué par l'influence d'Aristote et du classicisme gréco-latin, à la différence des pays d'Europe du Nord. Le « mélange des genres » donnant une image plus véridique de la vie sera l'une des innovations du drame romantique, notamment chez Victor Hugo (voir p. 12).

(voir p. 12)

██████ LES PERSONNAGES DE LA COMÉDIE JUSQU'AU XVIIe SIÈCLE

Si l'on reconnaît les personnages tragiques à leur caractère illustre (le public connaissait à l'avance leur nom et leur vie, tirée de la mythologie ou de l'histoire), les personnages de comédie, eux, devinrent très vite des stéréotypes que l'on retrouvait de pièce en pièce. Les auteurs comiques romains avaient développé toute une panoplie de ces personnages types : le soldat fanfaron, qui se vante beaucoup mais qui, en fait, est un poltron, le vieillard amoureux, l'avare, la *meretrix*, qui tient de la maquerelle et de l'entremetteuse, l'esclave ou le serviteur facétieux et rusé, qui généralement s'évertue à soutirer de l'argent au vieil avare, et à favoriser les amours de son jeune maître, fils de l'avare[1]. Ces derniers types, le valet rusé, et le couple de jeunes amoureux, sont les seuls personnages traditionnels de la comédie qui ne font pas rire d'eux-mêmes, car ils ne sont pas ridicules. Mais ils font ressortir, par contraste, la bêtise et le ridicule des autres, et de ce fait attirent la sympathie et la complicité du public, qui rit non pas d'eux, mais avec eux.

Les personnages comiques chez Corneille

On aura reconnu certains de ces types tels qu'ils ont été repris, au XVIIe siècle, par Corneille et Molière. Corneille, rappelons-le, a écrit des comédies, dont la plus réussie est peut-être *L'Illusion comique* (1636). Dans cette pièce, nous retrouvons le type du « soldat fanfaron », en la personne du capitaine Matamore, « le tueur de Maures », qui s'imagine être un héros de guerre :

---

1. On reconnaît là, en résumé, toute la trame des *Fourberies de Scapin* de Molière.

Le seul bruit de mon nom renverse les murailles,
Défait les escadrons, et gagne les batailles.

[...]

La foudre est mon canon, les Destins mes soldats :
Je couche d'un revers mille ennemis à bas.

(II, 2.)

Matamore et son valet, le jeune Clindor, aiment tous les deux Isabelle. Or, malgré la bravoure militaire qu'il s'attribue, Matamore s'enfuit devant Clindor dès que ce dernier tire son épée. Ce type comique a toujours été très apprécié, et on le retrouve sous divers noms, par exemple Rodomont (d'où le terme rodomontade) ; il a pu également servir de modèle au fameux Tartarin de Tarascon, le personnage d'Alphonse Daudet : chez lui, ce n'est plus la guerre, mais la chasse, qui est le domaine de ses fantasmes.

Les personnages types chez Molière

Molière, quant à lui, a repris le type de l'avare, avec Harpagon, celui du vieillard amoureux, avec Arnolphe, dans *L'École des femmes*, et celui du valet rusé, dans *Les Fourberies de Scapin*. Mais il a aussi d'autres sources d'inspiration : depuis l'Antiquité, la comédie s'était enrichie de nouveaux types comiques. Les *fabliaux* du Moyen Age, satires truculentes des paysans et de la bourgeoisie, avaient popularisé le type du médecin charlatan. Molière, on le sait, ne se lasse pas de ridiculiser les médecins, et il s'inspire directement d'un fabliau du Moyen Age dans *Le Médecin malgré lui* : un bûcheron grossier a l'habitude de battre sa femme. Un jour, deux gentilshommes de la cour traversent le village, à la recherche d'un médecin qui puisse guérir la fille du roi. La femme du bûcheron tient sa vengeance : elle dit aux deux émissaires que son mari est un génie de la médecine, mais son caractère a ceci de bizarre qu'il refuse d'admettre ses compétences, à moins qu'on ne lui donne des coups de bâton. On imagine ce que va subir le bûcheron : ce dernier, toutefois, est assez astucieux pour se tirer d'affaire, d'une manière tout à fait inattendue.

Mais la grande source d'inspiration de Molière, à ses débuts, fut la *commedia dell'arte* (voir p. 7). Les comédiens italiens étaient très populaires en France, malgré l'obstacle de la langue. Même sans comprendre leurs répliques, le public français riait de leurs jeux de scène et de leurs *lazzi*, ou gags. Molière, dans *Dom Juan*, prête au personnage du valet Sganarelle maints jeux de scène inspirés des *lazzi* italiens (acte IV, scène 7). La comédie italienne avait aussi développé une nouvelle galerie de types comiques : Arlequin, Polichinelle, Pantalon, Colombine, Pierrot...

Toutefois, ces diverses influences que Molière hérite de la tradition comique, il les transforme et leur imprime sa marque personnelle. Son génie comique développe également de nouveaux types, inspirés par la réalité sociale de son époque : le provincial un peu niais qui arrive à Paris, comme M. de Pourceaugnac, le parvenu qui veut singer la noblesse, comme M. Jourdain dans *Le Bourgeois gentilhomme*, et les « snobs » de toutes sortes, comme le Trissotin des *Femmes savantes*, ou les petits-marquis du *Misanthrope*.

■■■■ LA PLACE PRÉPONDÉRANTE DE MOLIÈRE

Il faut rappeler que Molière a consacré tout son talent créateur au genre comique : Shakespeare et Corneille ont écrit d'excellentes comédies, mais leur génie était plus à l'aise dans les genres sérieux tels que la tragédie ou le drame historique. Molière a passé toute sa vie à étudier les ressorts du spectacle comique : il a ainsi acquis une maîtrise assez unique du genre, d'autant plus qu'il cumulait, comme Shakespeare, les fonctions d'auteur, de directeur de troupe et d'acteur. C'est cette étude approfondie de tous les registres du comique qui a amené Molière à transformer la notion même de comédie. Il a dépassé les procédés mécaniques du comique populaire, avec ses types et ses « recettes », qui gardaient leur efficacité de toujours auprès du peuple, mais tenaient à l'écart un public plus cultivé. Il est sans doute le premier auteur comique européen à avoir si bien utilisé la comédie comme miroir de la société de son temps.

En effet, à travers ses pièces, la société de l'époque pouvait contempler ses propres vices et ridicules. Ce n'est pas sans raison qu'une cabale fut montée contre *Tartuffe* : l'hypocrisie religieuse, utilisant la piété des autres à des fins politiques, étaient bien un fléau social du temps, et ceux qui se sentaient visés n'ont pas manqué d'attaquer la pièce. Toutefois, les comédies de Molière ont une portée qui dépasse leur cadre historique ; dans ses peintures de caractère, Molière dépeint les faiblesses et les contradictions qui, de tout temps, ont fait de l'homme un animal si paradoxal. Un personnage tel qu'Alceste, le protagoniste du *Misanthrope*, par exemple, est comique par ses contradictions, mais ses souffrances ont quelque chose de poignant, que chacun d'entre nous a pu éprouver. Lui qui est si attaché à la franchise et à la vérité qu'il rejette même la courtoisie comme un mensonge social, nous le voyons amoureux fou d'une « snob » comme Célimène, qui incarne au fond tout ce qu'il déteste. Notre première réaction est de rire de lui, mais après coup nous pouvons le trouver émouvant dans son idéalisme blessé par la mesquinerie de la société. Alceste est au fond un adolescent qui refuse de grandir.

La tâche que Molière a accomplie a donné au genre comique une dignité littéraire qui jusque-là était réservée à la seule tragédie. Les lettrés et les « honnêtes gens » dédaignaient dans la comédie un spectacle sans qualité ni profondeur, généralement vulgaire, voire obscène, et tout juste bon à amuser la populace. Une telle idée de la comédie correspondait en fait au « théâtre de foire » des bateleurs qui, en plusieurs points de Paris, faisaient rire leur public populaire à peu de frais. Boileau, incarnation du « bon goût » classique, ne cachait pas son mépris pour cette culture théâtrale ; il sait gré à Molière d'avoir élevé le niveau de la comédie et professe son admiration pour *Le Misanthrope*.

■■■■ LA COMÉDIE APRÈS MOLIÈRE

Certains auteurs du XVIIIe siècle se présentent comme des continuateurs, plus ou moins doués, de Molière. Le meilleur est sans doute Regnard, auteur du *Légataire universel* (1708).

Marivaux (voir p. 10) continue dans la voie ouverte par *Le Misanthrope* : ses comédies ne cherchent pas à faire rire. Ce sont des analyses tendres et spirituelles du cœur humain, dans une perspective un peu plus optimiste que celle de Molière.

Beaumarchais, quant à lui, accentue l'aspect de critique sociale : son *Mariage de Figaro* (1784) fut considéré comme un signe avant-coureur de la Révolution française. Il y fustige, avec une ironie acerbe, les abus de l'aristocratie. Comme Molière, il reprend des personnages types : Figaro est le modèle du valet malicieux ; le docteur Bartholo, dans *Le Barbier de Séville*, représente le vieillard amoureux. Mais Beaumarchais utilise ces types conventionnels d'une façon très originale et nouvelle : les mécanismes du comique sont dirigés contre le système politique de la société de son temps.

Le théâtre de boulevard

Si l'on met à part le drame romantique, qui mêle le rire et les larmes, le théâtre français du XIXᵉ siècle réserve une bonne place à la comédie, mais l'on n'y trouve pas de grands chefs-d'œuvre. Il s'agit du « théâtre de boulevard », ainsi nommé parce que ces théâtres étaient situés non pas au centre de Paris, comme la Comédie-Française, mais sur les grands boulevards. C'est un théâtre de divertissement, qui réutilise certains procédés moliéresques pour se moquer de la bourgeoisie contemporaine. On y voit souvent des personnages équivalant aux sots de Molière, bourgeois imbus d'eux-mêmes et obsédés par une idée fixe.

Le voyage de Monsieur Perrichon, de Labiche, en est un bon exemple. Deux jeunes gens veulent épouser la fille du sot personnage. Ils suivent la famille Perrichon quand celle-ci part en vacances dans les Alpes. Comme chacun des deux préten-dants devra de toute manière obtenir le consentement du père, ils épient M. Perrichon, guettant une bonne occasion de gagner son estime. Voilà que celui-ci tombe de cheval : le premier prétendant se précipite et le sauve. La partie semble gagnée ; devant les autres touristes de l'hôtel, M. Perrichon assure son sauveur de sa reconnaissance éternelle. Mais le deuxième prétendant, fin connaisseur de la nature humaine, ne s'avoue pas vaincu. Il feint d'avoir un accident alors que

M. Perrichon passe dans les parages ; il offre ainsi au brave homme une occasion de le « sauver » et déclare à tout le monde que M. Perrichon est un héros. C'est ainsi qu'il supplante son rival. Quoi de plus aimable que quelqu'un qui flatte votre vanité ?

Georges Feydeau et Georges Courteline continuent dans cette veine. Au XXᵉ siècle, avec *Knock ou le Triomphe de la médecine* (1923), Jules Romains reprend la tradition moliéresque, en brossant le portrait d'un génial charlatan, qui parvient à convaincre tous les habitants d'une petite ville de province qu'ils sont très malades et que, sans les secours de sa science, ils sont perdus.

Le rire du désespoir

Mais le XXᵉ siècle oriente la comédie dans une autre direction, comme nous l'avons vu au premier chapitre (voir p. 15). Le rire devient grinçant, voire sinistre. Dans les pièces de Beckett, de Ionesco, de Ghelderode, ce n'est plus de comique qu'il s'agit, mais plutôt de grotesque. Le grotesque est le mélange du comique et du monstrueux, comme on peut le voir dans les figures grimaçantes qui ornent les cathédrales gothiques. S'il est vrai que la comédie est la peinture du ridicule, comme le voulait Aristote, le ridicule poussé jusqu'au grotesque devient tragique. *Les Bâtisseurs d'empire* (1959), de Boris Vian, en est un exemple. La pièce est une sorte de cauchemar à la Kafka ; elle nous montre les déménagements successifs, à l'intérieur du même immeuble, d'une famille qui doit monter d'étage en étage, dans un appartement chaque fois plus petit que le précédent. Les membres de cette famille disparaissent les uns après les autres. D'autre part, ils sont importunés par une espèce de monstre, appelé le Schmürz.

■■■■ LA COMÉDIE DOIT-ELLE AVOIR UNE FIN HEUREUSE ?

En principe, oui, de même que la tragédie, pour être fidèle aux lois du genre, doit se terminer sur une note sombre. En effet, sans la garantie que « tout se terminera bien », le public se sentirait-il libre de rire des déboires et déconvenues des personnages de comédie ? Pourrions-nous rire sans complexe des supercheries du soi-disant « docteur » Knock s'il était vraisemblable, dans la pièce, qu'il finisse par causer la mort des gens qu'il prétend soigner ? Ne trouverions-nous pas le docteur Bartholo sinistre, dans *Le Barbier de Séville*, si nous n'étions pas à l'avance certains que Figaro et le Comte parviendront à lui enlever Rosine, qu'il garde pratiquement prisonnière dans le but de l'épouser ?

Cependant, il arrive souvent que les comédies se terminent d'une manière aigre-douce. Mettons à part les pièces du théâtre de l'absurde, qui ne sont pas des comédies à proprement parler ; de même, une pièce comme *Cyrano de Bergerac*, qui se termine sur une scène pathétique ; malgré son humour brillant, l'œuvre de Rostand est plutôt un drame romantique qu'une comédie. Revenons à Molière lui-même : ses dénouements sont souvent ambigus, et reflètent un pessimisme profond, qui a amené certains critiques à voir dans l'auteur du *Misanthrope* une sorte de clown triste dont le comique cache à peine une poignante mélancolie. De fait, à la fin de ses comédies, le personnage principal, dont le travers ou le ridicule a fait l'objet de la pièce, demeure inchangé : Harpagon est toujours aussi avare, Argan toujours persuadé qu'il est malade, et M. Jourdain est plus entiché de noblesse que jamais, puisqu'il se croit réellement devenu un « mammamouchi », grand dignitaire turc. Du reste, l'un des personnages qui l'ont berné peut dire à juste titre : « Si l'on en trouve un plus fou [que M. Jourdain], je l'irai dire en Rome. »

Cette impression de pessimisme sous-jacent qui émane des pièces de Molière est du reste accentuée lorsque l'on connaît les circonstances de sa vie personnelle. Lui qui avait épousé une femme beaucoup plus jeune que lui, et dont il n'était pas sûr d'être aimé, n'a-t-il pas mis un peu de lui-même dans l'Arnolphe de *L'École des femmes* et dans l'Alceste du *Misanthrope*, tous deux des amoureux malheureux et ridicules ? Molière lui-même jouait ces deux rôles, ainsi que celui d'Argan, le « malade imaginaire ». Molière, véritablement malade, mourut d'ailleurs sur scène au cours d'une représentation du *Malade imaginaire*. Il est difficile, sachant cela, de ne pas trouver le comique de la pièce fort ambigu.

▮▮▮▮ LES MÉCANISMES DU RIRE

Le comique, que ce soit au théâtre ou dans tout autre contexte, repose essentiellement sur une contradiction, un contraste, un décalage entre ce que l'on attend et ce qui se produit, entre ce qui devrait être et ce qui est. Nous rions d'un individu qui fait un sermon contre l'alcoolisme alors qu'il est complètement ivre : Bourvil avait composé sur ce thème un sketch bien connu. De même, nous rions de M. Jourdain, qui prend des cours de philosophie et de danse pour devenir spirituel et élégant, alors qu'il est foncièrement sot et balourd. Mais cet « écart », qui est à la base du comique, peut être spectaculaire ou subtil, et se produire à des niveaux différents. On peut ainsi distinguer trois niveaux de comique : le comique de situation, le comique de caractère, le comique de langage.

Le comique de situation

Il s'agit là, sans doute, du niveau le plus élémentaire des procédés du comique. Nous avons déjà parlé des jeux de scène, que la *commedia dell'arte* appelait des *lazzi*. Ces jeux de scènes comiques peuvent très bien se passer de la parole. Ils consistent en coups, en cabrioles et pirouettes de toutes sortes, en mimiques : tout cela ressemble beaucoup aux numéros de clowns au cirque. Dans une scène des *Fourberies de Scapin*, que Boileau lui reprochera sévèrement, Molière fait rouer Géronte de coups de bâton par Scapin. Celui-ci profite du fait que le vieux Géronte est enveloppé dans un sac, et ne peut donc rien voir. Scapin fait croire à Géronte qu'il est mis à mal par un soudard étranger, dont il imite la voix et l'accent.

Le comique de situation peut être plus raffiné, notamment dans deux de ses variantes : la cachette et le quiproquo. Le personnage dissimulé qui assiste à une scène sans être vu est une « ficelle » classique de la comédie. Dans une scène du *Tartuffe*, Orgon, caché sous une table, peut entendre Tartuffe faire des avances à sa femme. Quant au quiproquo, il exploite le comique du malentendu et de la méprise. Toute la trame du *Jeu de l'amour et du hasard*, de Marivaux, consiste en un double quiproquo. Un aristocrate doit rencontrer une jeune fille de même condition. Pour pouvoir mieux l'observer et apprendre à la connaître, il décide de faire un échange d'identité avec son valet : ainsi, pendant que le valet jouera son rôle auprès de la belle, il pourra l'étudier, sans qu'elle le remarque, car lui jouera le rôle de son propre valet. Ce stratagème pourrait être efficace, si la jeune fille n'avait pas eu exactement la même idée. C'est sa servante qui prend sa place ; quant à elle, dans le rôle de sa servante, elle fait connaissance avec... un valet fort séduisant et d'une distinction surprenante. Elle sent qu'elle commence à l'aimer, et se reproche à elle-même d'éprouver de tels sentiments pour un homme de condition inférieure ! Marivaux ne se prive d'aucun effet comique et exploite au maximum ce double quiproquo : parallèlement, en effet, le valet se sent très attiré par cette jeune aristocrate, si simple dans ses manières, et si avenante, comme une bonne fille du peuple (qu'elle est). Mais, conformément aux règles que s'est fixées Marivaux, il s'agit là d'une comédie du sourire : point de gros comique, tout n'est que dentelles et finesse.

Le comique de caractère

« Peindre le ridicule » : c'est la fonction qu'Aristote assigne à la comédie (voir p. 82). C'est donc le comique de caractère qu'il a en vue. La comédie, en effet, s'attache à caricaturer les faiblesses humaines en insistant sur les contradictions des personnages : contradiction, surtout, entre l'idée que le personnage a de lui-même et ce qu'il est en réalité. Comme M. Jourdain, le Perrichon de Labiche est un bourgeois ridicule qui ne se rend pas compte qu'il est la risée de tout le monde. De même, le juge Brid'oison, dans Le Mariage de Figaro, est le seul à se trouver crédible dans sa fonction de juge. Le jargon juridique prétentieux dont il fait étalage ne suffit pas à cacher son incompétence.

Un autre ressort du comique de caractère est l'automatisme Le philosophe Henri Bergson (1859-1941), dans un essai important sur le rire, a défini le comique comme « du mécanique plaqué sur du vivant ». Nous rions des comportements mécaniques et répétitifs qui donnent à des humains un aspect de marionnettes. L'automatisme peut s'exprimer en gestes ou en paroles : dans ce dernier cas, les paroles deviennent un leitmotiv qui exprime l'idée fixe du personnage. Les sots de

Molière sont reconnaissables à certaines répliques qui résument tout leur caractère. La seule exclamation : « Ma cassette ! » suscite l'image d'Harpagnon ; « le pauvre homme ! » évoque tout de suite Orgon, dans toute sa naïveté, s'apitoyant sur Tartuffe ; les monomaniaques du *Bourgeois gentilhomme* et du *Malade imaginaire*, dès qu'un homme demande la main de leur fille, lui posent une question automatique : « Êtes-vous gentilhomme ? » ou bien : « Êtes-vous médecin ? » La mécanisation du personnage comique peut aller jusqu'au grotesque : c'est le cas du Père Ubu, dans la pièce d'Alfred Jarry (voir p. 13). Les mots : « À la trappe ! » suffisent à l'évoquer, car c'est là qu'il expédie quiconque fait mine de s'opposer à ses caprices, ou dont l'existence, simplement, l'importune.

Le comique de langage

Ce troisième domaine du comique est très étendu, il peut aller d'un humour grossier à des jeux de mots subtils. Limitons-nous à quelques cas de figure :
– *L'hyperbole ou exagération*. D'un effet bouffon très sûr, l'exagération fait partie de la panoplie de presque tous les auteurs comiques. Dans *L'Avare*, lorsque l'on demande à Harpagon qui il soupçonne de lui avoir volé sa précieuse cassette, il déclare sans hésiter : « Tout le monde, et je veux que vous arrêtiez la ville et ses faubourgs. » L'exagération est un trait que l'on attribue souvent au caractère méridional, et Marcel Pagnol en a fait un usage savoureux dans ses pièces « marseillaises », *Marius, Fanny* et *César* (1928-1932).
– *Les déformations de la langue*. De tout temps on s'est moqué des gens dont la manière de parler s'écarte de la norme ; l'accent et les fautes de grammaire des étrangers, par exemple, sont un des ingrédients les plus sûrs du comique. Molière s'amuse beaucoup à parodier le patois des paysans dans le deuxième acte de *Dom Juan*. Le Père Ubu, dans la pièce de Jarry, ne torture pas seulement les personnes, mais aussi le langage. Il ajoute notamment des lettres à certains mots ; son exclamation préférée est : « Merdre ! »
– *Les jeux de mots*. Il en existe de multiples espèces, les uns basés sur l'homonymie (ressemblance phonétique entre certains mots), d'autres sur la double entente (quand un person-

nage donne à ses paroles un autre sens, souvent licencieux, que le sens ordinaire qu'elles semblent avoir).

■ FONCTIONS SOCIALE ET MORALE DE LA COMÉDIE

L'idée que la comédie a une vertu morale est fort ancienne. À l'époque de Molière, on résumait la philosophie de la comédie par la devise latine : *Castigat ridendo mores*, « Elle corrige les mœurs par le rire ». Dans cette conception, la comédie offre à la société, à travers les personnages ridicules, une caricature de certains traits de caractère qui troublent l'harmonie sociale ; ainsi, en riant de ces personnages qui s'écartent des normes, le public réaffirme son attachement aux valeurs qu'il reconnaît. Après avoir vu *L'Avare*, nous sommes d'autant plus conscients du danger de l'avarice et de son caractère asocial, puisque égoïste et improductif. On pourrait objecter que cette exclusion, par le rire, de certains comportements se base souvent, non sur des principes moraux universellement acceptés, mais sur des préjugés arbitraires. Nous rions toujours, au XXᵉ siècle, de la sottise de M. Jourdain, mais son désir de monter dans l'échelle sociale ne nous paraît plus aussi incongru qu'à l'époque de Louis XIV.

Cette idée d'une fonction morale et sociale de la comédie a été de tout temps âprement débattue. Bergson, dans *Le Rire*, la reprend à son compte : d'après lui, la société se sert du comique pour encourager ses membres à la conformité. En voyant, au théâtre ou dans un autre contexte, des personnages ridicules, chaque membre d'une société entend inconsciemment une sorte d'avertissement : lui aussi s'exposera au rire des autres s'il s'avise de sortir des normes établies. Bergson insiste sur l'ambiguïté morale du rire, qui suppose « une anesthésie momentanée du cœur » : nous ne pouvons pas rire de quelqu'un et avoir en même temps de la compassion pour lui. Ses conclusions sur l'utilité morale du comique sont donc prudentes : « Le rire exerce sans doute une fonction utile. Mais il ne suit pas de là que le rire frappe toujours juste, ni qu'il s'inspire d'une pensée de bienveillance ou même d'équité. »

Baudelaire avait exprimé la même idée, d'une manière encore plus négative, dans un article intitulé « De l'essence du rire et plus généralement du comique dans la littérature et les beaux-arts ». Dans ce texte, l'auteur des *Fleurs du Mal* va jusqu'à affirmer que le rire est intrinsèquement pervers (il emploie le mot « satanique »), car il présuppose chez le rieur un sentiment de supériorité et une absence de charité. Au XVIIᵉ siècle, Pascal affirmait que, de tous les divertissements, le plus nuisible pour la société était la comédie.

Que penser de jugements aussi négatifs ? Il est vrai que le rire est très ambigu, et que l'humour peut, quand il tourne au sarcasme, devenir destructif. Une société où tout le monde passerait son temps à rire ne serait pas forcément une société saine : elle pourrait à la limite n'être qu'un immense asile d'aliénés. Mais une chose est certaine : le cas inverse, celui d'une société d'où le rire serait banni, serait sans aucun doute la pire de toute les sociétés. Ce ne serait plus une communauté humaine.

8 Théâtre et cinéma

Si l'on cherche à mieux cerner la spécificité du théâtre, le parallèle avec des moyens d'expression proches de lui peut être utile. Nous avons déjà parlé de l'opéra (voir p. 53) et de la pantomime (voir p. 63). Il nous reste à examiner un type de spectacle que l'on a pu considérer parfois comme le grand rival du théâtre : le cinéma. On devine aisément la question qui s'est posée avec l'invention du septième art : le cinéma allait-il « tuer » le théâtre, en s'imposant comme la version moderne et technologique de ce dernier ? Il est indéniable que le cinéma a conduit le théâtre à s'interroger sur lui-même, et a pu exercer une certaine influence sur la pratique théâtrale. Mais il est évident qu'il n'a pas « remplacé » le théâtre, pas plus que l'invention du disque n'a dissuadé les gens d'aller au concert. Bien qu'il soit difficile d'aboutir à des conclusions définitives dans ce domaine, on peut raisonnablement avancer que le cinéma, loin de nuire au théâtre, a incité celui-ci à retourner à son esthétique propre et à sa vocation originelle. Essayons d'établir un parallèle entre ces deux arts à la fois très proches et très éloignés l'un de l'autre.

PUBLIC DE CINÉMA ET PUBLIC DE THÉÂTRE

Il ne s'agit pas d'esquisser ici une sociologie comparative du cinéma et du théâtre. Il faudrait pour cela des statistiques complexes. Mais l'on peut signaler quelques grandes tendances. Jusqu'à la fin du XIXe siècle, le lieu théâtral a joué, la plupart du temps, le rôle d'un foyer de rassemblement social. Le théâtre attirait les diverses classes de la société, même si une certaine ségrégation demeurait visible dans la salle elle-même. Les nobles ou les notables occupaient les loges, tandis que les gens du peuple se pressaient en bas, au parterre. Malgré tout, le public était diversifié ; il s'agissait même souvent d'une foule hétéroclite et bigarrée. Depuis l'apparition du cinéma comme culture de masse, le public de théâtre a perdu de sa diversité. Les couches populaires, en particulier, s'en sont éloignées, à tel point qu'aller au théâtre fut de plus en plus considéré comme « bourgeois ». De fait, le public de théâtre au XXe siècle est socialement plus homogène. Si l'on y trouve toujours de vrais amateurs désargentés, la majorité est composée de personnes appartenant aux classes dites moyennes ou supérieures.

Beaucoup d'efforts ont été accomplis en Europe occiden-tale pour enrayer cette tendance et attirer de nouveau les couches plus populaires au théâtre. C'est la vocation, en France, du TNP (Théâtre national populaire) et de troupes d'avant-garde, soudées par une sensibilité politique de gau-che, comme le Théâtre du Soleil, la troupe d'Ariane Mnouch-kine. Dans les pays de l'ex-bloc de l'Est, la situation était entièrement différente. Entre les mains de l'État, le théâtre était au contraire un moyen d'« éduquer politiquement » les mas-ses. Le théâtre a donc subi deux tendances : devenir à l'Ouest un simple « divertissement » bourgeois, et à l'Est, un outil de propagande.

Comment expliquer le relatif « embourgeoisement » du théâtre en Occident ? Il y a d'abord une question de prix : une place de théâtre coûte plus cher qu'une place de cinéma. Toutefois, certaines organisations ont contribué à démocrati-ser le théâtre, à le rendre accessible à tous. Deuxième pro-blème spécifiquement français : pour l'essentiel, l'activité théâtrale a lieu à Paris. Alors qu'il était ministre de la Culture, André Malraux a œuvré dans le sens d'une véritable décentra-lisation culturelle en France, en créant en province de nom-breuses maisons de la culture, qui pouvaient être utilisées par des troupes parisiennes en tournée. Enfin, depuis les années soixante, si les salles de théâtre sont toujours assez peu fréquentées par les classes populaires, c'est sans doute en partie dû au fait que celles-ci ont accès au théâtre à travers un canal très commode, celui de la télévision. On peut citer le succès constant, pendant des années, des retransmissions de la série « Au théâtre ce soir ».

Mais il n'en demeure pas moins que rien n'égale l'immense succès populaire du cinéma. Riches et pauvres, gens simples et intellectuels, tout le monde a trouvé son bonheur dans les salles obscures. Il faut chercher à comprendre ce phénomène sans établir de jugements de valeur. Un grand film est esthétiquement égal à une grande pièce. Mais, pour le spectateur, l'expérience cinématographique et l'expérience théâtrale sont de nature différente.

DEUX MANIÈRES DE PARLER À L'IMAGINATION

Le grand public perçoit le cinéma comme un spectacle plus accessible que le théâtre. Il a l'impression que ce dernier est très codé, régi par de nombreuses conventions, héritées d'une très ancienne tradition. L'idée court que, pour vraiment apprécier le théâtre, il faudrait posséder un bagage culturel adéquat : d'où la notion que le théâtre est élitiste. Le cinéma, en revanche, si l'on excepte le cinéma intellectuel, d'avant-garde ou expérimental, serait un spectacle populaire, qui s'adresse à tous dans un langage direct.

Cette conception s'explique en partie par la manière dont théâtre et cinéma stimulent l'imagination du public. Il est clair que le cinéma est une porte sur un imaginaire fabuleux. Grâce aux effets spéciaux, le cinéma peut exprimer l'impossible, comme il peut faire revivre, dans d'immenses fresques, des civilisations disparues. L'*Athalie* de Racine est une superbe tragédie biblique, mais des films tels que *Ben-Hur* font défiler devant nos yeux des images grandioses et épiques du Moyen-Orient antique. Ni le temps, ni surtout l'espace, ne constituent des limites au cinéma : d'immenses paysages, ainsi qu'une multitude de lieux différents, peuvent apparaître dans un film, et en décors naturels, alors que le théâtre est condamné au carton-pâte ou au trompe-l'œil. Une exception possible serait le théâtre en plein air, qui peut sur ce plan rivaliser avec le cinéma. Mais, globalement, on peut dire que le cinéma étale devant les yeux ce que le théâtre ne peut que suggérer à l'imagination.

Là réside, en fait, un paradoxe intéressant. Dans *L'Air et les rêveries du repos*, Gaston Bachelard[1] écrit qu'« avoir une image, c'est renoncer à imaginer ». Cette phrase peut s'entendre à différents niveaux. Appliquée au présent contexte, elle peut signifier que le cinéma, en définitive, affaiblit l'imagination, la capacité de rêver, par le fait qu'il dévoile tout, qu'il nous donne à voir les images mêmes qu'un livre nous demanderait de former dans notre esprit. Le théâtre, en revanche, stimule l'imaginaire par les limites mêmes de ses moyens techniques. C'est à nous, en assistant à une représentation de *Macbeth*, d'imaginer, à partir des éléments toujours fragmentaires du décor théâtral, les corridors suintants, sinueux et obscurs du château de Macbeth, reflet de son âme torturée. Mais, précisément parce qu'il exige du spectateur un plus grand effort d'imagination, ainsi qu'une attitude plus participative, le spectacle théâtral apparaît plus difficile d'accès que le cinéma.

■■■■ LE CINÉMA : UNE « PRÉSENCE ABSENTE »

Beaucoup de critiques ont vu dans cette immatérialité de l'image, sur l'écran de cinéma, ce qui constitue l'originalité la plus profonde du septième art. En effet, on insiste souvent sur « l'illusion théâtrale ». Mais rien n'est aussi illusoire qu'une image en deux dimensions projetée sur une toile blanche. L'image cinématographique est une « présence absente » ; tout y est illusoire : le relief, la profondeur de l'espace, la matérialité des objets et des personnages. Le film est une succession d'images qui nous donne, pendant le temps de sa projection,

---

1. Philosophe du XXᵉ siècle, auteur de nombreux ouvrages qui étudient les mécanismes de l'imagination symbolique dans la littérature.

une illusion de réalité : exactement comme les rêves. Cette parenté entre l'image de cinéma et l'image onirique a été soulignée entre autres par le critique Christian Metz, dans son livre *Le Signifiant imaginaire*, où il développe cette parenté en concluant que le cinéma est, plus spécifiquement que les autres arts, une écriture de l'imaginaire et du subconscient.

Cinéma, art de l'absence, et théâtre, art de la présence : tout se joue dans cette antinomie. En effet, si l'on examine l'ensemble des éléments visuels et sonores qui forment la totalité du spectacle théâtral (voir p. 20), on constate que ces éléments existent aussi au cinéma : texte, déclamation, bruitage, musique, costumes, décor, gestes, expressions corporelles et faciales. Mais, comme le dit le philosophe Alain dans *Vingt Leçons sur les beaux-arts*, « ce qui manque, c'est l'épreuve de la présence ». Il ne peut y avoir cette communion entre acteurs et spectateurs, comme au théâtre. Sur la scène, il y a simultanéité de la création (le jeu des acteurs) et de la communication (le public regardant le jeu des acteurs). Au cinéma, il y a au contraire un grand décalage entre la création (le tournage des scènes) et la communication (la projection devant un public). Ce n'est pas seulement un décalage dans le temps, mais aussi un décalage esthétique. Un film n'est jamais tourné en une seule fois. Il se crée par fragments, prise de vue après prise de vue. Puis vient une opération essentielle : le *montage*, c'est-à-dire l'assemblage, bout à bout, de ces scènes filmées. Ce que le public voit sur l'écran est le produit achevé : au cours du montage, certaines scènes auront été déplacées, raccourcies, voire supprimées.

En outre, le directeur de la photographie et les techniciens qui développent la pellicule auront apporté des retouches à la couleur et à l'exposition. Il y a donc beaucoup d'intermédiaires entre acteurs et spectateurs, et même, il n'y aura, en définitive, jamais de contacts entre eux. Alors que le théâtre vit de cette alchimie entre les comédiens et la salle, les acteurs de cinéma ne voient pas leur public. Cette absence de contacts a amené certains cinéastes et acteurs d'avant-garde à tourner ce que l'on appelle des « happenings ». Les scènes étaient filmées devant un public, et régulièrement interrompues pour recueillir des impressions et suggestions de ce public ; puis on continuait la scène, en la modifiant si besoin était, pour tenir compte de ces réactions.

LE THÉÂTRE :
UNE PRÉSENCE VIVANTE

La puissance qui se dégage de la présence physique, sur scène, des acteurs et du décor, permet de comprendre pourquoi les auteurs dramatiques n'avaient pas le droit, à l'époque classique, de montrer sur scène des actes de violence. Ce qui nous impressionne moyennement sur un écran de cinéma est beaucoup plus « réel » sur une scène, et peut dépasser les limites de l'acceptable. De même, sans excès de pruderie, un public qui accepte volontiers de voir à l'écran des scènes relativement érotiques, serait choqué de voir ces mêmes scènes au théâtre, avec des acteurs vivants. Cette notion de présence vivante est donc capitale pour distinguer théâtre et cinéma. En Angleterre, on appelle une salle de théâtre *living theatre* (théâtre vivant) alors qu'une salle de cinéma se dit *picture palace* (littéralement : un « palais d'images »).

Le public ne voit jamais l'acteur de cinéma, mais son image, on serait tenté de dire : son fantôme, qui s'agite sur l'écran. Le métier d'acteur de cinéma est donc, d'un certain point de vue, moins risqué, puisqu'une mauvaise scène peut être répétée autant de fois qu'il est nécessaire, dans la mesure où le permet le budget du film. Le public, contrairement à ce qui peut se passer au théâtre, ne verra pas les ratages. En revanche, le jeu de l'acteur, au cinéma, comporte souvent davantage de risques physiques, en particulier dans les films d'action, où des scènes violentes et spectaculaires seraient bien sûr injouables sur une scène de théâtre. S'il existe des doublures et des « cascadeurs » professionnels qui peuvent remplacer l'acteur dans ce genre de scènes, certains comédiens refusent d'être doublés, et assument ainsi tous les risques.

L'UTILISATION
DE L'ESPACE AU THÉÂTRE
ET AU CINÉMA

Cinéma et théâtre n'utilisent pas l'espace de la même manière. La scène de théâtre utilise les trois dimensions de l'espace, tandis que l'image du film ne donne, comme la peinture, qu'une illusion de relief en deux dimensions. L'espace de la scène est donc plus complet, plus « réel ». En revanche, c'est un espace plus simple : le public voit évoluer les acteurs dans un lieu restreint, le cadre fixe de la scène.

Au cinéma, le spectateur ne voit pas directement les acteurs de ses propres yeux, mais à travers cet « œil » qu'est l'objectif de la caméra. Or, la caméra n'est pas fixe : elle peut se déplacer, se rapprocher ou s'éloigner du sujet, offrir de multiples points de vue. En outre, si certaines scènes de cinéma sont tournées en studio, la caméra peut aussi montrer des espaces naturels qui s'étendent à l'infini. On a donc, d'une part, un espace fixe et clos sur la scène de théâtre et, d'autre part, un espace mobile et ouvert au cinéma. Alors que le cadre de la scène ne varie pas au théâtre, le « cadrage » cinématographique est manipulable et riche de possibilités.

Cette technique du cadrage permet en particulier le *gros plan*, ou plan rapproché. Lorsque la caméra nous montre en gros plan le visage d'un acteur, elle peut saisir, avec une acuité quasi microscopique, les plus infimes variations du regard, le pli des lèvres, le clignement des paupières. Au cinéma, l'acteur n'a pas besoin d'exagérer ses expressions, alors qu'au théâtre il doit être assez expressif pour être vu et entendu de tous. Notons que les ressources de l'éclairage moderne, au théâtre, permettent de pallier, dans une certaine mesure, cet éloignement relatif : l'équivalent du gros plan sur la scène serait le faisceau d'un projecteur qui isole et met en évidence le visage d'un acteur.

Il faut tenir compte, ici, du cas particulier que constitue le cinéma muet. Rappelons-nous que le cinéma parlant ne date que du début des années trente. Pendant les trente premières années de son existence, le cinéma a donc été un spectacle purement visuel, et l'on ne saurait oublier les chefs-d'œuvre du cinéma muet des années vingt, en particulier les comédies de Charlie Chaplin. Or, du fait que le son n'existait pas, l'acteur « muet » devait adopter un jeu très expressif, avec des expressions faciales et corporelles proches de celles que l'on trouve au théâtre. Le cinéma d'alors était une sorte de théâtre muet, proche, en fait, de la pantomime. Lors d'une interview télévisée, le célèbre mime Marcel Marceau a du reste confirmé que les grands acteurs du cinéma muet, qui se devaient d'être d'excellents mimes, avaient été ses premiers modèles.

INFLUENCE RÉCIPROQUE DU CINÉMA ET DU THÉÂTRE

En définitive, plutôt que de considérer ces deux moyens d'expression comme rivaux, il est plus intéressant de les envisager comme deux formes de spectacle ayant chacun son esthétique propre, et susceptibles de s'enrichir mutuellement.

Influence du cinéma sur le théâtre

Celle-ci paraît assez limitée. Bon nombre de techniques cinématographiques, comme le ralenti, l'accéléré, la superposition d'images, le travelling, sont impossibles à reproduire sur une scène de théâtre. Mais l'on peut citer un procédé que le cinéma utilise souvent, et que le théâtre a pu reproduire : ce qu'on appelle en anglais le *flash-back*, ou retour en arrière. On en voit un exemple dans *Les Mains sales*, une pièce de Jean-Paul Sartre créée en 1948 au théâtre Antoine. Cette pièce sur l'engagement politique se divise en sept tableaux. Le premier et le dernier sont situés « au présent ». Ils nous montrent un face à face entre Olga, une révolutionnaire, et Hugo, un jeune anarchiste d'origine bourgeoise, qui vient de sortir de prison. Ensemble, ils évoquent l'acte qui a marqué la vie d'Hugo : deux ans plus tôt, sur les ordres du Parti communiste, il avait assassiné l'un de ses chefs, Hoederer, lui-même communiste, mais considéré comme traître. Les circonstances de cet attentat étant essentielles, la pièce nous transporte deux ans en arrière. Le « flash-back » se produit lors du passage au deuxième tableau, comme le précisent des indications scéniques de Sartre : *Même décor, deux ans plus tôt, chez Olga.*

D'autre part, certains metteurs en scène de théâtre ont utilisé des projections cinématographiques dans la représentation dramatique elle-même, créant par là un spectacle « mixte », où la présence vivante et l'image se côtoient. Le cinéaste soviétique Serguei Eisenstein (1898-1948), auteur du *Cuirassé Potemkine* et d'*Ivan le Terrible*, a utilisé des projections dans une pièce, *Le plus malin qui s'y laisse prendre*, qu'il montra en 1924 au théâtre *Proletkult*. Erwin Piscator (voir p. 56) fit de même à plusieurs reprises, en utilisant surtout des documentaires, qui servaient de toile de fond historique à l'action, toujours très politique, de ses pièces.

Influence du théâtre sur le cinéma

Elle est à la fois plus profonde et moins facile à discerner que l'influence inverse. D'une manière générale, on la retrouve dans le cinéma intimiste et psychologique, qui, contrairement aux films d'action ou à grand spectacle, se concentre sur un nombre restreint de personnages, évoluant dans un lieu fermé, et qui scrute leurs relations, leurs conflits intérieurs. Les films d'Ingmar Bergman, comme *Scènes de la vie conjugale*, *Sourires d'une nuit d'été*, ou *Cris et chuchotements*, répondent à cette définition. Il n'est donc pas étonnant que le cinéaste ait pu assimiler le cinéma tel qu'il le conçoit à une forme de théâtre.

Un cas intermédiaire : la dramatique télévisée

L'influence directe du théâtre sur le cinéma se manifeste également dans cette forme particulière de spectacle qui a été créée par et pour la télévision, et que l'on appelle une « dramatique ». L'activité des réalisateurs de dramatiques se situe en effet à mi-chemin entre celle des cinéastes et celle des metteurs en scène de théâtre : ils ont pour tâche de filmer un spectacle destiné à un public de télévision, qui apparaîtra donc sur le « petit écran », non sur le grand écran d'une salle de cinéma. Leurs moyens techniques et financiers sont généralement plus modestes que ceux dont disposent un réalisateur de cinéma, qui travaille parfois avec des budgets de plusieurs millions de francs. Ils ne pourront donc pas faire du « grand spectacle » et s'orienteront de préférence vers une intrigue subtile et vers l'étude psychologique, que favorisent des scènes d'intérieur et un petit nombre d'acteurs. Ce genre de spectacle est donc très proche du cinéma intimiste : la dramatique de télévision, comme son nom l'indique, est une sorte de « théâtre filmé » : les éléments les plus importants en sont les dialogues, et une intrigue concentrée, riche en paradoxes et en « coups de théâtre ».

La « présence vivante » des acteurs, qui est le privilège du théâtre, se retrouve un peu dans la dramatique de télévision. En assistant attentivement à ce type de spectacle, en effet, on se rend compte que la qualité de l'enregistrement sonore n'est pas la même que dans un film : on entend plus nettement, surtout dans les scènes d'intérieur, les bruits de pas, les inflexions de la voix, et même la respiration des acteurs. Ceux-ci sont plus proches de nous qu'au cinéma, et nous ressentons un peu de leur présence physique, comme au théâtre.

Ainsi, il apparaît que théâtre, cinéma, télévision, sont des formes de spectacle total, qui se ressemblent tout en ayant chacune leurs caractéristiques propres. Elles se sont mutuellement influencées, presque toujours d'une manière positive, dans le sens d'un enrichissement esthétique. Plutôt que de se faire concurrence, il est vraisemblable que toutes les trois continueront à se développer parallèlement, en attendant que de nouvelles révolutions technologiques ne viennent abolir les barrières qui les séparent encore. Il n'est pas interdit de rêver : sans tomber dans la science-fiction, on peut imaginer que nous aurons un jour un cinéma en trois dimensions, équivalent de ce qu'est l'hologramme pour la photographie. L'image filmique ne serait plus, dès lors, ce reflet aplati des acteurs projeté sur une toile blanche, mais bien une reproduction en relief de leur corps, évoluant dans un décor lui aussi (du moins illusoirement) en trois dimensions. La frontière entre cinéma et théâtre serait alors entièrement à redéfinir, à supposer que cette distinction ait encore un sens...

9 Théâtre et roman

Les plus anciens philosophes ont eu conscience de l'opposition entre ces deux types d'écriture que sont l'écriture narrative et l'écriture dramatique. Cette dernière était définie selon un critère très simple : est dramatique un texte où seuls les personnages ont la parole. L'écriture narrative, en revanche, se reconnaît au fait que l'auteur et ses personnages s'y expriment tour à tour : les personnages dans les dialogues rapportés au style direct, et l'auteur dans le reste du texte : les commentaires, les descriptions, le récit de l'action, etc. Platon considérait l'écriture narrative (*diegesis*, en grec) supérieure à l'écriture dramatique (*mimesis*). Aristote, toujours disposé à contredire son ancien maître, soutenait l'opinion inverse. Essayons de comparer ces deux formes d'écriture, sans porter de jugement : théâtre et roman ont chacun leur justification, leurs lois, et leurs mérites respectifs.

■ DES OBJECTIFS DIFFÉRENTS : SPECTACLE ET LECTURE

La véritable finalité d'une pièce de théâtre n'est pas d'être lue, mais d'être jouée sur scène devant un public (voir chapitre 2). Le dramaturge, par conséquent, ne peut écrire de la même façon que le romancier : un roman est sa propre fin, il peut être « consommé » tel quel ; c'est un produit achevé. Le texte d'une pièce de théâtre, en revanche, n'est qu'une partie d'un tout plus vaste, qui est la totalité du spectacle. Certes, cela n'empêche nullement de lire une pièce de théâtre, et de trouver plaisir et satisfaction dans cette lecture ; certains auteurs écrivent du « théâtre pour un fauteuil », c'est-à-dire des pièces destinées seulement à être lues. Toutefois, l'écriture dramatique appelle sa représentation sur scène, et cette finalité lui donne un caractère distinct du roman, même d'un roman comportant beaucoup de dialogues.

L'anticipation des réactions du public

En effet, chaque fois qu'un auteur écrit, quel que soit le genre qu'il pratique (poésie, théâtre, roman, essai), il est inévitable qu'il songe au destinataire de son œuvre, et qu'il se préoccupe à l'avance de ses réactions. Pourquoi écrit-on, si ce n'est pour être lu ou entendu ? Le journal intime est peut-être le seul « genre » qui ne présuppose pas de public, où l'on écrive uniquement pour soi-même. Mais tout romancier garde présent à l'esprit un lecteur imaginaire, de même qu'un dramaturge, tout en écrivant, se représente les réactions de son futur public devant telle ou telle scène, lorsque celle-ci sera jouée. Cette préoccupation du public (lecteurs ou specta-teurs) est tellement naturelle qu'elle peut être, à la limite, inconsciente chez l'auteur : elle n'en existe pas moins et influence la manière dont l'auteur écrit et calcule ses effets.

L'anticipation des réactions du public diffère évidemment beaucoup chez le romancier et chez le dramaturge. La pre-mière de ces différences est que, si la lecture d'un roman est un acte généralement individuel, le spectacle d'une pièce de théâtre est une expérience collective. Cette différence élémen-taire peut entraîner certains décalages dans les procédés du comique, par exemple. Ces derniers ne sont pas exactement les mêmes au théâtre que ceux utilisés dans un roman, car l'auteur dramatique sait qu'il peut compter, non seulement sur le renfort de la présence physique des acteurs, mais aussi sur l'effet communicatif et contagieux du rire chez les spectateurs. Cela est vrai pour toutes sortes d'émotions ; le pathétique, l'effroi, ou le tragique, sont aussi, à un moindre degré, des émotions contagieuses, qui seront ressenties plus fortement au milieu d'un groupe de spectateurs que chez un lecteur solitaire.

Une preuve que les auteurs dramatiques sont très conscients du parti qu'ils peuvent tirer de cette communion des émotions, est la pratique très ancienne d'organiser des

« claques », c'est-à-dire d'intégrer dans le public un groupe d'amis prêts à manifester bruyamment leur enthousiasme, dans l'espoir qu'ils influenceront le public dans un sens favorable à la pièce. Victor Hugo, lors de la première d'*Hernani*, en 1830, avait eu soin de se constituer une claque de « Jeune-France » (partisans de l'esthétique romantique), à la tête desquels se trouvait Théophile Gautier. L'inverse de la « claque » est la « cabale », lorsque des adversaires de l'auteur cherchent à influencer négativement le public en sifflant la pièce, en huant les acteurs, voire en leur jetant divers projectiles ! On sait que Molière eut maille à partir avec une cabale de « dévots », résolus à faire échouer *Tartuffe* et *Dom Juan*.

Le romancier, en revanche, sait qu'il sera jugé par un lecteur solitaire. On pourrait considérer les critiques littéraires comme des équivalents de la claque ou de la cabale, dont les moyens de pression s'exercent, dans un sens ou dans l'autre, sur le lecteur ; toutefois le roman demeure un face à face intime entre l'auteur et le lecteur.

Visualisation physique et visualisation mentale

Autre conséquence du fait que le texte théâtral est destiné à être joué sur une scène par des acteurs vivants : on n'y trouve pratiquement jamais de portraits. L'auteur dramatique ne peut que donner une « voix » à ses personnages ; même s'il peut fournir des indications sur leur physique, il sait que ce sont les acteurs qui détermineront l'image que le public aura de ses personnages. C'est pourquoi il serait à la fois inutile et imprudent, de la part d'un auteur dramatique, d'inclure dans le texte même de sa pièce des descriptions physiques détaillées de ses personnages : leurs interprètes pourraient ne pas correspondre à ces portraits et le décalage serait gênant. La description d'un personnage apparaîtrait aussi comme un passage superflu. On en trouve pourtant certains exemples, mais toujours dans un contexte particulier. Dans *Le Barbier de Séville*, de Beaumarchais, Figaro parle à Rosine de son ami Lindor, qui n'est autre que le comte Almaviva. Il sait que la jeune fille est très attirée par le comte, et s'amuse à lui dire que celui-ci est amoureux. Évidemment, Rosine cherche à savoir qui est l'élue de son cœur, sans toutefois laisser paraître à Figaro son sentiment personnel. Figaro fait le portrait de la jeune fille qu'aime le comte, sans dévoiler immédiatement son identité :

> Figurez-vous la plus jolie petite mignonne, douce, tendre, accorte et fraîche, agaçant l'appétit ; pied furtif, taille adroite, élancée, bras dodus, bouche rosée, et des mains ! des joues ! des dents ! des yeux !

(II, 2.)

Ce portrait est bien sûr l'image exacte de Rosine elle-même ; il redouble ainsi la présence physique du personnage sur la scène, mais pas d'une manière inutile ou gratuite. Il s'inscrit au contraire dans le cadre d'un jeu psychologique.

Les auteurs de romans, au contraire, ont tout intérêt à donner de leurs personnages des descriptions aussi précises que possible. La lecture d'un roman implique une visualisation mentale et l'auteur doit donner à son lecteur tous les matériaux nécessaires pour ce « cinéma intérieur ».

■■■■ ABSENCE DU DRAMATURGE, PRÉSENCE DE L'AUTEUR

La caractéristique de l'écriture dramatique est que seuls les personnages parlent : l'auteur ne s'y exprime pas directement, il s'efface au contraire derrière les personnages qu'il a créés.

Dans le roman, en revanche, l'auteur a toujours la possibilité d'intervenir directement, de s'adresser au lecteur, de commenter les faits et gestes de ses personnages, voire de les juger ou de se moquer d'eux. Un exemple bien connu est celui de Stendhal décrivant le comportement de son personnage Fabrice durant la bataille de Waterloo, dans *La Chartreuse de Parme* : « Nous avouerons que notre héros était fort peu héros en ce moment. » L'auteur porte ici un jugement direct sur son personnage, et crée une disposition ironique chez le lecteur, qui ne peut plus prendre Fabrice très au sérieux. Omniprésent et tout-puissant, l'auteur de romans a souvent été comparé à Dieu : il est le maître du Verbe qui donne naissance à l'univers de la fiction romanesque. La même comparaison pourrait être utilisée pour l'auteur de théâtre, si quoi que ce soit, dans la pièce, nous rappelait concrètement son existence ; mais il brille, au contraire, par son absence. Nous savons qu'il est à l'origine de ce petit monde fictif qu'est la pièce, mais c'est une origine effacée, introuvable : nous n'en voyons plus que l'effet, et nous oublions la cause ; les personnages et leurs rôles semblent exister par eux-mêmes.

Certes, il convient de nuancer quelque peu ce contraste. Dans le théâtre antique, le chœur avait pour fonction de commenter l'action qui se passait sur scène, et pouvait donc servir de porte-parole à l'auteur, qui retrouvait par là l'un des privilèges du romancier. Inversement, certains auteurs de romans se font un point d'honneur, par souci de réalisme, de ne pas intervenir dans leur roman. Ce type de narration impersonnelle se trouve chez des auteurs comme Flaubert ou Zola : en se faisant oublier du lecteur, ils espèrent renforcer l'illusion romanesque, et réduire la différence entre la fiction écrite et le spectacle de la vie réelle. En fait, ils cherchent à donner au maximum la parole à leurs personnages, et à s'effacer derrière eux, comme le ferait un auteur dramatique ; ils s'abstiennent de commenter l'action, et laissent le lecteur se faire sa propre opinion. Il reste les descriptions ; mais même dans ces passages, ils évitent de dire « je » et s'en tiennent à un discours aussi objectif que possible. Leur esthétique se rapproche donc sensiblement de celle du théâtre.

Toutefois, un certain décalage subsiste, qui ne saurait être totalement aboli. L'absence de la voix personnelle de l'auteur au théâtre a plusieurs conséquences. Par exemple, il nous est assez difficile de déduire les idées et les sentiments de l'auteur dramatique seulement d'après sa pièce. Pouvons-nous dire, en lisant le long dialogue entre Créon et Antigone, lequel des deux personnages exprime les opinions personnelles de Jean Anouilh ? Lorsque Hamlet dit à son ami Horatio qu'« il y a plus de choses au ciel et sur terre que n'en rêve [sa] philosophie », exprime-t-il les vues personnelles de Shakespeare ? Le débat reste ouvert.

Lorsque nous connaissons avec certitude les vues de l'auteur dramatique, c'est que ce dernier les a exprimées en dehors de ses pièces, comme Racine dans ses préfaces, ou Montherlant dans ses « carnets ». Il peut arriver également que les critiques parviennent à reconstituer la philosophie générale d'un auteur dramatique à partir de l'ensemble de ses pièces, quand celles-ci présentent un point de vue harmonieux et cohérent. C'est vrai de l'œuvre de Molière : toutes ses pièces expriment une condamnation des excès et des vices (avarice, snobisme, hypocrisie...), et affirment *a contrario* une morale de la juste mesure et de la sincérité. Mais chez beaucoup d'auteurs dramatiques, il est impossible de savoir vraiment à quoi s'en tenir. Il y a toujours, chez le public, la tentation de croire que l'auteur « parle » à travers un personnage particulier auquel il s'identifie, et qui est en quelque sorte son double ou son *alter ego*. Même si l'on accepte une telle idée, comment déterminer lequel des personnages sert de porte-parole à l'auteur ? Ce ne sera pas forcément le personnage le plus important de la pièce, ni celui qui parle le plus : l'auteur peut choisir de s'exprimer à travers un personnage relativement secondaire. En fait, les personnages d'une pièce sont autant de « masques » derrière lesquels se cache l'auteur.

◼ SEUL LE ROMAN COMPORTE DES DESCRIPTIONS

L'auteur théâtral ne peut écrire que des dialogues ; l'auteur de romans, quant à lui, dispose d'une palette beaucoup plus riche. Il peut utiliser le dialogue, narrer l'action, se livrer à des analyses psychologiques, faire des commentaires sur son propre récit, et décrire minutieusement ses personnages, ainsi que les lieux et les ambiances où ils évoluent. Le dramaturge pourrait donc apparaître, par comparaison, comme un écrivain défavorisé, démuni d'outils. Nous venons de voir qu'il est privé de « discours commentatif » direct, puisqu'il ne peut parler qu'à travers ses personnages. Est-il également privé de « discours descriptif » ? Pas complètement, puisqu'il dispose des didascalies et des indications de décor (voir p. 37). Les didascalies peuvent servir à des notations psychologiques dont le jeu des acteurs devra tenir compte ; quant au décor physique de la pièce, il est vrai qu'il sera l'œuvre du décorateur et du metteur en scène, plus que de l'auteur lui-même. Ce dernier, toutefois, peut donner des indications de décor si précises qu'elles se rapprochent des descriptions romanesques. Beaumarchais décrit minutieusement le décor au début de chaque acte du *Mariage de Figaro*. Au début de sa pièce

Les Mains sales, Sartre donne du décor une description qui ressemble beaucoup à ce que l'on pourrait trouver dans un roman :

> Le rez-de-chaussée d'une maisonnette, au bord de la grand-route. À droite, la porte d'entrée et la fenêtre dont les volets sont clos. Au fond, le téléphone sur une commode. À gauche, vers le fond, une porte. Tables, chaises. Mobilier hétéroclite et bon marché. On sent que la personne qui vit dans cette pièce est totalement indifférente aux meubles.

À part l'absence de verbe dans les phrases, tout dans ces indications de décor fonctionne comme une description de roman, en particulier la dernière phrase, qui contient une observation psychologique. Cette dernière phrase, en effet, insiste sur la manière dont le caractère du personnage se reflète dans son environnement immédiat. Décor et psychologie se reflètent mutuellement. C'est le même principe qu'un romancier comme Balzac applique chaque fois qu'il décrit minutieusement l'habitat d'un personnage. Ainsi, au début du *Père Goriot*, il décrit minutieusement l'intérieur de la pension Vauquer pour faire apparaître au lecteur l'avarice de la propriétaire et la médiocrité des personnages qui y vivent.

D'autre part, une pièce de théâtre peut contenir des tirades où l'un des personnages fait un récit (voir p. 42) et donne inévitablement des descriptions comparables à celles que l'on trouve dans une œuvre narrative.

■ DES PERSONNAGES QUI PARLENT FACE À DES PERSONNAGES QUI PENSENT

Plusieurs théoriciens du théâtre l'ont fait observer, et c'est une vérité d'évidence : au théâtre, tout doit passer par la parole. Il est impossible pour un auteur dramatique de nous faire connaître les pensées intimes d'un personnage, si ce n'est en faisant parler ce personnage à haute voix. Les dialogues, mais plus encore le monologue (voir p. 40), ont pour fonction d'extérioriser le monde intérieur des personnages. Les auteurs dramatiques sont très conscients de cette contrainte, et utilisent parfois consciemment le monologue comme un

« amplificateur sonore » de pensées qui, normalement, resteraient cachées dans l'esprit du personnage.

Au début de *Richard III*, par exemple, Shakespeare fait monologuer sur scène Gloucester, le futur tyran, et celui-ci exprime des idées et des intentions tellement sombres qu'elles doivent rester aussi secrètes que possible. Aussi, dès qu'il entend venir d'autres personnages, Gloucester se dit-il à lui-même : « Mais replongez, ô pensées, dans les tréfonds de mon âme » (I, 1.).

La vie intérieure du personnage de théâtre nous reste donc inaccessible à moins d'être extériorisée, que ce soit par la parole ou par toute autre expression du corps et du visage (voir chapitre 2). En ce sens, tout se passe au théâtre comme dans la vie réelle : en effet, à moins d'être télépathe, nous ne pouvons rien savoir de la vie intérieure d'une autre personne, ses pensées et ses émotions, si elle ne les exprime pas par la parole ou le geste.

Le romancier a ce privilège inouï, et contraire à toute vraisemblance, de plonger dans les replis les plus profonds et les plus secrets de ses personnages. Certains romanciers poussent leur « omniscience » jusqu'aux limites : ils se présentent au lecteur comme Dieu lui-même, et prétendent connaître l'intimité psychologique de leurs personnages mieux que ces « créatures » ne se connaissent elles-mêmes. Tel romancier nous montre ses personnages agissant selon des motifs qu'eux-mêmes ne saisissent pas clairement, mais que lui, l'auteur, est capable de disséquer avec une précision chirurgicale, pour le bénéfice et l'information du lecteur.

On peut en voir un exemple dans *Le Chaos et la nuit*, un roman d'Henry de Montherlant. L'histoire qui nous est présentée est celle d'un vieil anarchiste espagnol vivant à Paris, où il s'est réfugié après la défaite de son camp dans la guerre civile d'Espagne, en 1939. Plus de vingt ans après, il retourne en Espagne pour régler une affaire d'héritage. Il sait que retourner au pays natal, qui vit sous la dictature du général Franco, risque de lui coûter la vie, en raison de son passé politique. La question de l'héritage ne saurait justifier en soi de prendre un tel risque. Pourtant, contre toute logique, il décide de faire le voyage. Comme prévu, il sera tué. Ce n'est qu'au moment de mourir qu'il comprend les motifs psychologiques très complexes qui l'ont poussé à revenir ; ces mobiles, le romancier les connaissait mieux que son personnage, et les avait déjà fait comprendre au lecteur.

Dans cette situation narrative, l'auteur et son lecteur voient donc le personnage « de haut », si l'on peut dire. Tous deux ont une vision qui dépasse celle du personnage.

Mais, au théâtre, l'auteur et le spectateur sont davantage « au même niveau » que le personnage. Prenons cette fois Montherlant en tant que dramaturge. En écrivant sa pièce *La Reine morte*, Montherlant traite d'un thème similaire à celui de son roman : il nous montre un personnage qui accomplit une action sans être entièrement conscient, au départ, des motifs qui l'animent. Le roi du Portugal Ferrante décide de faire assassiner la fiancée de son fils Pedro, Dona Iñes. Enfermé dans les limites de l'écriture dramatique, Montherlant n'a pas la possibilité de prendre la parole lui-même pour expliquer au public pourquoi Ferrante va immoler cette victime innocente. Le public ne pourra pas en savoir plus que Ferrante lui-même sur les mobiles de son acte. Ces motivations sont obscures : la mort d'Iñes n'aura plus même d'utilité politique car, s'il est vrai qu'elle constituait un obstacle au mariage avantageux que Ferrante voulait arranger entre son fils et l'Infante de Navarre, cette dernière a d'ores et déjà déclaré qu'elle renonçait à ce mariage. C'est donc avec Ferrante lui-même, qui en prend peu à peu conscience, que nous allons connaître les raisons profondes et complexes de sa décision. Le personnage fait son auto-analyse dans un remarquable monologue :

> Pourquoi est-ce que je la tue ? Il y a sans doute une raison, mais je ne la distingue pas... Pourquoi est-ce que je la tue ? Acte inutile, acte funeste. Mais ma volonté m'aspire, et je commets la faute, sachant que c'en est une. Eh bien ! qu'au moins je me débarrasse tout de suite de cet acte. Un remords vaut mieux qu'une hésitation qui se prolonge. (III, 7.)

Horreur et dégoût de la vie, que la jeune femme déclare aimer, crainte de paraître lâche et incapable de prendre une décision : telles sont les motivations qui poussent le roi et dont il prend conscience. Mais Montherlant ne peut pas nous montrer le personnage « de haut » comme il pourrait le faire dans un roman. Il nous le présente « au même niveau » et doit lui donner la parole.

LES PERSONNAGES DE THÉÂTRE PLUS AUTONOMES QUE CEUX DU ROMAN

L'exemple ci-dessus nous montre qu'un auteur de théâtre n'a pas la toute-puissance du romancier sur ses personnages. Après l'apogée du roman psychologique au début du XXᵉ siècle, certains théoriciens ont commencé à trouver excessif, artificiel et invraisemblable ce contrôle absolu que possède le romancier sur ses personnages. Juste avant la Deuxième Guerre mondiale, une controverse fameuse opposa sur ce sujet Jean-Paul Sartre et le romancier catholique François Mauriac. Sartre, peut-être avec une certaine mauvaise foi, reprochait à Mauriac de continuer cette tradition, héritée des siècles précédents, du narrateur omniscient, qui assume vis-à-vis de ses personnages la même position que Dieu vis-à-vis de ses créatures. Or, comme l'écrivit Sartre sur un ton sarcastique : « Dieu n'est pas romancier. Monsieur Mauriac non plus. »

Le narrateur à la première personne

Le reproche a porté, et de nombreux romanciers depuis la guerre se sont rapprochés de la position qu'occupent les auteurs dramatiques à l'égard de leurs personnages. Ils évitent de plonger dans leurs pensées, préférant les faire parler et agir, comme au théâtre. Ils se bornent à décrire leurs actes et leurs paroles, de la manière la plus impersonnelle possible, en s'abstenant de tout commentaire sur leurs mobiles ou leurs caractères.

Il faut tout de même préciser que ce qui vient d'être dit sur l'omniscience du narrateur dans le roman traditionnel ne concerne qu'un type particulier de narration : celle à la troisième personne, qui permet au romancier de se détacher de ses personnages et de les dominer.

Dans une narration à la première personne, le cas est tout différent. Le narrateur est en fait le personnage qui dit « je » et nous donne son point de vue sur lui-même, les autres personnages et l'action. Dès lors, il n'y a plus d'invraisemblance : le personnage-narrateur peut analyser ses propres pensées, comme tout un chacun peut le faire dans la vie réelle, et il décrit les autres personnages « de l'extérieur », d'après leurs actes et paroles, étant incapable, ainsi que dans la vie réelle, de pénétrer dans leurs pensées. Du fait de l'absence d'un narrateur distinct des personnages, le roman à la première personne n'est pas si éloigné du théâtre. Mais il y a une différence essentielle. Dans un roman à la première personne, le narrateur ne peut relater que les scènes auxquelles il assiste. La vraisemblance empêche qu'il puisse relater des événements auxquels il n'a pas participé. Le roman à la première personne nous donne donc un point de vue unique sur l'action. Au théâtre, en revanche, cette limitation n'existe pas, car chaque personnage y est une sorte de « narrateur à la première personne ». On pourrait donc comparer une pièce de théâtre à une combinaison de plusieurs narrations à la première personne, autant qu'il y a de personnages : chacun y parle, donne son point de vue, et ces divers points de vue se combinent pour former la pièce.

La liberté de l'interprète

Les personnages du théâtre sont un peu plus indépendants de leur auteur que ceux du roman sous un autre rapport : lorsque la pièce est jouée sur scène, l'acteur qui joue le rôle peut toujours l'interpréter d'une manière qui n'est pas tout à fait ce que l'auteur avait imaginé au départ. Comme nous l'avons vu (chap. 2 et 3), le texte peut être comparé à une partition musicale. Les mélomanes affirment qu'une même étude de Chopin, par exemple, sera toujours subtilement différente d'un pianiste à un autre. Chaque pianiste, en effet, y apportera sa touche particulière ; de même, un rôle de théâtre variera d'un acteur à l'autre. En jouant Don Juan, Louis Jouvet et Michel Piccoli ont dit exactement les mêmes paroles, tirées du texte de Molière, mais ils n'ont pas fait les mêmes gestes, ni pris les mêmes attitudes. Le style et le physique propres de chaque acteur se superposent donc toujours un peu au personnage lui-même. Molière est le maître absolu de son texte, mais il ne peut ni prévoir ni contrôler les modifications que les acteurs apporteront aux rôles qu'il a écrits.

Tant mieux, pourrait-on dire : en effet, pour autant qu'il ne s'agisse pas d'une trahison des intentions de l'auteur, ces nuances imprévisibles de l'interprétation enrichissent la « magie » du théâtre. L'auteur de théâtre peut y voir se réaliser ce qui n'est qu'un rêve impossible pour le romancier : voir ses propres personnages échapper à son contrôle, devenir des êtres autonomes. Cette ambition utopique, au théâtre, n'est pas totalement irréaliste, pour les raisons que nous avons données plus haut. Le romancier est le seul « père » de ses personnages ; le personnage de théâtre, quant à lui, a deux « parents » distincts : l'auteur qui a écrit le rôle, et l'acteur ou l'actrice qui l'interprète[1]. Évidemment, si l'on s'en tient au seul texte de la pièce, les personnages de théâtre sont aussi soumis à la toute-puissance de l'auteur que ceux du roman, et leur « émancipation » n'est encore qu'un rêve. C'est justement ce rêve qu'a voulu évoquer le dramaturge italien Pirandello (voir p. 16) dans *Six Personnages en quête d'auteur*, où nous voyons les personnages réclamer leur indépendance et leur existence propre, voulant dorénavant faire comme bon leur semblera !

◼◼◼ LE ROMAN, UN GENRE PLUS LIBRE QUE LE THÉÂTRE

Il ressort de toutes ces considérations que le romancier est beaucoup plus libre que le dramaturge, non seulement en ce qui concerne les personnages, mais aussi les décors et l'action. En effet, comme le cinéma (voir p. 00), le roman parle directement à l'imagination, et peut lui présenter les décors et les événements les plus fabuleux, alors que le théâtre est contraint par les limites physiques de la représentation. Ce que l'on appelle littérature fantastique se réduit en fait à la seule littérature narrative. On peut traiter du surnaturel ou de l'extraordinaire dans un conte ou un roman, mais au théâtre, cela pose des problèmes souvent insurmontables. C'est pourquoi il n'existe pas de « théâtre fantastique », comme il existe des

---

1. Exception faite pour l'auteur qui interprète lui-même le rôle qu'il a écrit, comme ce fut le cas pour Shakespeare et Molière.

contes fantastiques. Prenons un exemple classique : la scène de *Phèdre* où Hyppolite, fils de Thésée, est attaqué par un monstre marin jaillissant des flots alors qu'il conduit son char sur la plage. Racine aurait pu insérer visuellement cette scène fantastique dans sa tragédie en demandant aux techniciens de fabriquer un monstre de papier, mais l'entreprise, loin de susciter l'effroi chez le public, eût facilement sombré dans le ridicule. Adroitement, Racine ne fait pas représenter cet épisode sur la scène, mais le fait raconter par un témoin, en l'occurrence Théramène :

> L'onde approche, se brise, et vomit à nos yeux,
> Parmi les flots d'écume, un monstre furieux.
> Son front large est armé de cornes menaçantes ;
> Tout son corps est couvert d'écailles jaunissantes.
> Indomptable taureau, dragon impétueux,
> Sa croupe se recourbe en replis tortueux.
> Ses longs mugissements font trembler le rivage.

(Acte V, scène 6.)

Le récit vient donc au secours du théâtre, dans un domaine où ce dernier ne pourrait pas rendre justice à l'imagination. En revanche, le cinéma moderne, avec les miracles techniques des effets spéciaux, est à même de visualiser nos chimères. Cela ne signifie pas que le théâtre ait une quelconque infériorité sur le roman ou le cinéma. Mais ses lois dictent certains modes d'expression et en excluent certains autres.

Il y a des exceptions. Dans sa pièce *Rhinocéros*, Eugène Ionesco n'hésite pas à nous montrer sur scène la mutation fantastique qui transforme les humains en rhinocéros. Mais là encore, il est intéressant de comparer la pièce avec la nouvelle que Ionesco a écrite sur le même scénario. Dans la pièce, Jean se retire plusieurs fois dans la salle de bains, où, loin du regard des spectateurs, un maquilleur lui applique la corne qui achève de lui donner l'aspect du rhinocéros. Dans la nouvelle, cette corne se met à pousser sous les yeux de Bérenger ; Jean, qui subit cette métamorphose, n'a pas à se retirer, comme au théâtre, pour les besoins évidents du « trucage » technique. L'imagination du lecteur est toute-puissante ; celle du specta- teur a besoin de secours visuels. On pourrait citer d'autres incursions du surnaturel au théâtre, telle la statue du Com- mandeur dans *Dom Juan*, ou le spectre du père dans *Hamlet*. Mais il est clair que pour susciter cette suspension momentanée de l'incrédulité qu'exige le fantastique pour créer l'épouvante, le roman et le cinéma sont infiniment mieux équipés que le théâtre.

En définitive, cette comparaison entre théâtre et roman ne saurait se borner à faire ressortir les similitudes et les différences entre les deux genres. Il convient d'ajouter, en guise de conclusion, que théâtre et roman (ou toute forme de littérature narrative) ne se sont pas développés parallèlement l'un à l'autre, au cours des siècles, en s'ignorant mutuellement. Il est clair que théâtre et roman se sont réciproquement influencés. De même que l'utilisation des récits dans une pièce de théâtre doit quelque chose à la littérature narrative, on peut affirmer sans hésitation que le roman, au cours des siècles, a beaucoup appris du théâtre, en particulier dans la dynamique du dialogue et la construction de l'intrigue.

10 Le théâtre et les grandes questions morales

À quoi sert le théâtre ? Plusieurs réponses sont possibles. Le théâtre peut être une forme de divertissement, au même titre que les jeux, les fêtes, le cirque, la télévision. Mais de nombreux dramaturges, au cours de son histoire, ont eu des ambitions beaucoup plus élevées ; le théâtre a été pour eux un moyen de traiter certaines questions philosophiques et morales communes à tout un peuple, voire à l'humanité dans son ensemble. Le théâtre peut mettre en scène ces problèmes universels que sont le bien et le mal, le devoir et l'intérêt, le sens même de la vie, sans pour autant verser dans l'abstraction et le traité de philosophie. Le théâtre peut être des plus sérieux sans pour autant cesser d'être ce qu'il doit être : une fête communautaire, un échange passionnant entre auteur, acteur et public.

ARISTOTE ET LA THÉORIE DE LA « CATHARSIS »

Dans sa *Poétique* (voir p. 69), le philosophe Aristote assignait à la tragédie une fonction morale. Selon lui, la tragédie doit produire chez le public une *catharsis* (purification, en grec). Après la fin, généralement terrible et sanglante, d'une pièce tragique, les spectateurs doivent être pleins de pitié et de peur : pitié pour les personnages malheureux avec lesquels ils se sont identifiés, et terreur inspirée par la cruauté du sort et la colère des dieux. Ainsi, le spectacle tragique aura produit en eux ce que l'on appellerait aujourd'hui, dans le jargon de la psychologie, un « défoulement » : la tragédie aura permis aux spectateurs de ressentir fortement ces deux émotions qui accompagnent les circonstances malheureuses de la vie réelle. Mais, dans le cadre du théâtre, ces émotions auront pu être

goûtées sans danger ni conséquences destructrices. La tragédie canalise ainsi les passions, contribuant à l'équilibre émotionnel des individus et à la paix dans la cité.

L'Église, dès les premiers siècles de l'ère chrétienne, s'est
élevée contre cette conception « païenne ». Pour un Père de
l'Église comme saint Augustin, le théâtre, comme les jeux du
cirque, n'était qu'un divertissement profane, à la fois inutile et
nuisible. Loin de contribuer à canaliser les passions violentes,
le théâtre, au contraire, les exciterait : cette idée, ainsi que la
réputation de vie dissolue qui s'attachait aux acteurs, explique
l'hostilité de l'Église à l'égard du théâtre, jusqu'au XVIIIᵉ siècle.
La seule exception était le théâtre religieux du Moyen Age, les
mystères et les passions (voir p. 7), auxquels l'Église attachait
une portée morale et éducative.

■■■■ LE THÉÂTRE DOIT-IL
ÊTRE DIDACTIQUE ?

Certains ordres religieux, comme les jésuites, et certains
mouvements politiques, tels que le communisme, ont utilisé le
théâtre de manière didactique, c'est-à-dire comme un moyen
d'inculquer des idées au public. Trop dogmatique, ce théâtre
impose une interprétation unique et ennuie le spectateur, qui
n'y voit que l'adaptation théâtrale d'un traité philosophique.

En effet, même si l'auteur dramatique cherche à exprimer sa
philosophie personnelle, il doit laisser à son public une
certaine liberté d'interprétation, sans quoi le plaisir du théâtre
est coupé à sa source. Plutôt que d'apporter des réponses
toutes faites, le théâtre, en général, doit plutôt soulever des
questions. Il présente un problème moral d'une manière
nuancée et complexe, offre plusieurs perspectives sur ce
problème, mais s'abstient de conclure précipitamment : c'est
au spectateur d'élaborer ses propres réponses, à partir de la
stimulation intellectuelle et morale que le spectacle lui a
apportée.

Antigone, de Jean Anouilh, offre un bon exemple de la
façon dont le théâtre peut aborder une grande question morale
sans tomber dans le dogmatisme. Anouilh reprend ici un récit
de la mythologie grecque et le traite comme une confrontation
entre l'idéalisme moral de la jeune Antigone, fille d'Œdipe, et

le réalisme « adulte » et assez cynique de Créon, roi de Thèbes. Ce dernier a interdit que l'on accorde des funérailles régulières au corps de Polynice, frère d'Antigone, qui avait organisé une révolte armée. Antigone défie l'interdiction et va jeter un peu de terre sur le cadavre de son frère, ce qui suffit à lui donner un enterrement selon les rites. Créon l'apprend et, au cours d'un dialogue tumultueux, cherche à persuader Antigone de renier son acte, faute de quoi, à titre d'exemple, il devra la faire mettre à mort.

Tout devrait convaincre Antigone : son sacrifice serait inutile, elle manquerait le bonheur qui s'offre à elle, car elle doit épouser Hemon, fils de Créon, qu'elle aime et dont elle est aimée ; enfin, Créon lui révèle que Polynice, dont elle garde un souvenir idéalisé, était un être moralement bas, qui ne mérite pas, même à titre posthume, le dévouement de sa sœur. Mais par fierté, et par fidélité à son idéal de pureté et d'intégrité morale, Antigone résiste à Créon, et préfère la mort à la compromission. Dans une tirade enflammée, elle rejette avec dédain la vision du bonheur que lui propose Créon ; c'est un bonheur qui, selon elle, ne s'obtient qu'au prix d'un sacrifice qu'elle refuse de consentir, celui de l'innocence et de la dignité :

> Vous me dégoûtez tous, avec votre bonheur ! Avec votre vie qu'il faut aimer coûte que coûte. On dirait des chiens qui lèchent tout ce qu'ils trouvent. Et cette petite chance pour tous les jours, si on n'est pas trop exigeant. Moi, je veux tout, tout de suite, – et que ce soit entier – ou alors je refuse ! Je ne veux pas être modeste, moi, et me contenter d'un petit morceau si j'ai été bien sage. Je veux être sûre de tout aujourd'hui et que cela soit aussi beau que quand j'étais petite – ou mourir.

Ainsi, même si Anouilh propose à notre admiration l'he-roïsme de la fille d'Œdipe, il ne nous impose pas pour autant une vue unilatérale et simpliste. En dernière analyse, c'est à nous de décider si Antigone a raison de tout sacrifier à son idéal moral avec un orgueil naïf d'adolescente, ou si Créon est justifié dans son pragmatisme un peu cynique de politicien, qui pense que le bonheur vaut bien quelques compromissions et accommodements. Cette liberté d'interprétation qu'a laissée Anouilh est démontrée par les réactions très diverses à sa pièce parmi la critique de l'époque. Certains critiques ont pu trouver Antigone sublime, d'autres immature ; certains, dans le contexte de 1943, ont vu en elle une incarnation de la Résistance, alors que Créon représenterait l'attitude du gouvernement de Vichy. Le débat reste ouvert.

■■■■■ COMMENT TRAITER UN CONFLIT MORAL ?

Plusieurs méthodes s'offrent au dramaturge pour traiter efficacement d'une problématique morale, sans pour autant tomber dans le piège de la pièce à thèse. Examinons-en trois : le dilemme, le conflit entre plusieurs personnages, et la situation du personnage « seul contre tous ».

Le dilemme, conflit à l'intérieur d'un personnage

La notion de dilemme, au théâtre, évoque inévitablement Corneille. L'auteur du *Cid*, en effet, est le maître incontesté de ce type de situation, où un personnage est déchiré entre deux options contradictoires, enfermé dans un choix presque impossible à faire. C'est ainsi que Rodrigue, on s'en souvient, doit tuer pour des raisons d'honneur le père de celle qu'il aime, et sacrifier ainsi son amour, pour venger son propre père, insulté par le père de Chimène. Amour ou piété filiale ? Les deux semblent ici irréconciliables. Corneille donne pourtant une issue optimiste à la pièce.

Dans une perspective qui nous est beaucoup plus proche, la pièce de Camus, *Les Justes* (1952), nous transporte dans l'univers de la violence politique. Un groupe de révolutionnaires, dans la Russie tsariste du siècle dernier, doit faire face à un cas de conscience : alors qu'ils se préparaient à jeter une bombe sur la voiture du grand-duc, les membres du groupe ont appris que celui-ci serait accompagné de ses enfants. Doivent-ils sacrifier les enfants au nom de leur engagement à libérer le peuple de l'oppression ? D'un autre côté, ces révolutionnaires dévoués à ce qu'ils considèrent comme une noble cause seront-ils toujours des « justes » s'ils sacrifient des innocents à leur lutte ? Le dilemme est habilement posé par Camus, à une époque où les intellectuels fascinés par les idéologies révolutionnaires n'hésitaient pas à considérer que, dans bien des cas, « la fin justifie les moyens ».

Le conflit entre plusieurs personnages

Le dilemme est un conflit à l'intérieur d'un individu. Mais la pluralité des options morales peut aussi être représentée sur scène par plusieurs personnages. Chaque personnage, dans ce cas, fonctionne comme l'incarnation d'une certaine valeur, et entre en conflit avec d'autres personnages, incarnant des valeurs opposées. On peut en voir un exemple dans *Électre*, de Giraudoux (1937). Dans cette pièce, Jean Giraudoux, comme l'avaient fait Jean Anouilh et Jean Cocteau à la même époque, s'est inspiré de la mythologie grecque. Ici, il reprend l'histoire d'Électre et de son frère Oreste, que les auteurs tragiques grecs Sophocle et Euripide avaient adaptée au théâtre dans l'Antiquité. Électre soupçonne – à juste titre – sa mère Clytemnestre d'avoir tué son mari Agamemnon avec l'aide de son amant Égisthe. Elle parvient à convaincre son frère Oreste qu'il doit venger leur père en tuant leur mère et son amant, devenu roi d'Argos, le royaume autrefois dirigé par Agamemnon. Mais au moment où Égisthe est à la merci d'Électre, pour qui il éprouve un mélange d'admiration et de crainte presque religieuse, la ville d'Argos est attaquée par les Corinthiens. Égisthe est prêt à se livrer à Électre, mais la supplie de lui laisser un jour de délai, le temps pour lui de « sauver la ville et la Grèce ». Électre, d'un tempérament entier et absolu qui rappelle beaucoup Antigone, refuse, au nom de la justice supérieure qu'elle prétend incarner, et qui n'attend pas :

> C'est aujourd'hui [le] jour. J'ai déjà vu trop de vérités se flétrir parce qu'elles ont tardé une seconde. Je les connais, les jeunes filles qui ont tardé une seconde à dire non à ce qui était laid, non à ce qui était vil, et qui n'ont plus su leur répondre ensuite que par oui et par oui. C'est là ce qui est beau et dur dans la vérité, elle est éternelle mais elle ne dure qu'un éclair.
> (II, 8.)

Égisthe ne réussit pas à la convaincre que, s'il meurt tout de suite, beaucoup d'innocents mourront aussi à Argos, car il ne sera pas là pour les défendre contre les assaillants. Aux yeux d'Électre, les Argiens sont plus ou moins complices du meurtre d'Agamemnon, puisqu'ils ont accepté de vivre sous les lois d'Égisthe sans trop poser de questions sur le décès de leur ancien roi. De toute manière, la mort d'Égisthe est une question de justice supérieure. Peu importent les conséquences pour le peuple ; mieux vaut mourir que de vivre dans le déshonneur. On voit dans cette scène, à travers ces deux personnages, un conflit entre une conception abstraite, implacable, de la justice, et une sagesse concrète et pratique, qui tient compte des conséquences.

« Seul contre tous »

Une situation théâtrale particulièrement apte à faire ressortir un conflit moral est celle d'un personnage qui se retrouve seul à défendre une certaine cause contre le reste de la société. Ce genre de situation a été exploité par les romantiques, qui y voyaient une illustration de leur thème favori, celui du génie solitaire. Alfred de Vigny, dans sa pièce *Chatterton*, pose ainsi le problème de la place du poète dans une société matérialiste. Chatterton est isolé au milieu d'une société anglaise où les valeurs dominantes sont celles de la classe marchande, pour qui les poètes et les artistes sont des parasites sociaux. Bien que deux autres personnages de la pièce, Kitty Bell et le Quaker, sympathisent avec lui, ils sont des alliés impuissants contre une société hostile à l'idéal, incarnée par un personnage obtus et arrogant, le Lord-Maire. Chatterton, refusant toute compromission, choisit de se laisser mourir, et accueille la mort comme une délivrance. Même si cette pièce a vieilli, et ne nous émeut plus autant aujourd'hui, elle constitue un bon exemple de cette situation théâtrale, et pose un problème qui est de tous les temps : le rapport entre les artistes et la société.

Plus intense encore est la situation de « tous contre un » créée par Montherlant dans *Le Maître de Santiago* (1947). Cette pièce se situe au début du XVIe siècle, en Espagne, et met en scène un personnage hors du commun, Don Alvaro Dabo, grand maître d'un ordre de chevalerie chrétienne. Don Alvaro, tout au long de la pièce, se trouve littéralement assiégé par un groupe de chevaliers espagnols qui le supplient de se joindre à eux dans l'aventure des Conquistadores. La conquête du Nouveau Monde, argumentent-ils, sera une occasion de servir à la fois Dieu et l'Espagne : à la gloire impériale s'ajoutera la

« noble mission » de convertir les peuples païens au christianisme. Mais le vieil Espagnol résiste à la tentation, et maintient que la religion n'est qu'un prétexte dans cette aventure brutale et cupide. Il finit par incarner l'intégrité morale contre les tentations de l'orgueil et de la puissance. En outre, et contre l'esprit de son temps, il maintient une rigoureuse séparation entre la religion et la politique : « Les grandes aventures sont intérieures », répond-il à ceux qui veulent embrigader sa ferveur mystique.

Ce problème des rapports entre religion et politique, et d'une manière plus générale la résistance de l'individu aux corruptions du pouvoir, est également traité selon le schéma du « seul contre tous » par Jean Anouilh dans *Becket ou l'honneur de Dieu*. Cette pièce historique relate l'histoire de Thomas Becket, l'archevêque de Canterbury assassiné sur les ordres du roi d'Angleterre Henri II, au XIIe siècle. Becket et le roi étaient amis, unis par leurs goûts communs pour les femmes, le vin et l'intrigue, lorsqu'un jour, pour des raisons politiques, Henri II nomme Becket archevêque de Canterbury. En faisant de son comparse le chef de l'Église d'Angleterre, le roi pense avoir neutralisé le pouvoir ecclésiastique. Mais Becket, contre toute attente, prend son nouveau rôle au sérieux, devient fort pieux, et se met en tête de défendre l'Église contre les abus du pouvoir royal. Henri II tente de se concilier son ancien compagnon, mais celui-ci reste inflexible : « Que l'honneur de Dieu et l'honneur du roi se confondent » (acte IV). Exaspéré, le roi finit par souhaiter qu'il meure, et quelques chevaliers zélés, le prenant au mot, tuent Becket alors qu'il célèbre la messe. Henri II en éprouve du remords et se fait fouetter publiquement sur la tombe de l'archevêque, que l'Église et le peuple déclarent martyr. Vue dans une perspective chrétienne, cette pièce illustre la rédemption toujours possible des âmes, puisqu'on y assiste à la transformation de Becket, puis du roi. Dans une perspective plus laïque, *Becket ou l'honneur de Dieu* démontre la force morale de l'homme lorsqu'il est animé par une certitude inébranlable de son devoir. Cette même trame historique a inspiré une pièce remarquable au poète anglo-américain T.S. Eliot, intitulée *Meurtre dans la cathédrale* (1935).

On peut du reste envisager ce schéma moral du « seul contre tous » dans l'autre sens : certaines pièces nous montrent un personnage tellement monstrueux qu'il finit par coaliser contre lui tous les autres personnages de la pièce. C'est le mouvement que nous voyons dans l'*Athalie* de Racine. Dans cette tragédie biblique, la dernière pièce du grand dramaturge classique, nous voyons comment la reine d'Israël, Athalie, par sa monstruosité morale, s'attire la révolte du peuple, et la colère divine. Son corps est emporté hors du Temple de Jérusalem à la fin de la pièce ; sa disparition permet une réconciliation générale et une sorte de renaissance spirituelle du royaume hébreu. Ce mouvement d'isolement croissant d'un personnage maléfique illustre la nature destructrice du mal, qui condamne le personnage pervers ou criminel à se couper de l'humanité.

■■■■ LA REPRÉSENTATION DU MAL AU THÉÂTRE

Qu'est-ce que le mal ? Cette question constitue sans doute le cœur de la pensée morale. La réponse n'est pas aussi évidente que l'on pourrait croire de prime abord. S'il est vrai que chacun a l'intuition de ce qu'est le mal, il est difficile de le définir d'une manière rationnelle, peut-être parce que le mal est un défi à la raison et à la bonne foi. Son existence nous apparaît comme un scandale, sa victoire une aberration, qui nous humilie dans notre humanité même.

Portraits de monstres

Le théâtre a une supériorité sur le roman dans le traitement de ce problème universel : art de la présence physique (voir p. 100), il peut incarner le mal dans des personnages monstrueux, et nous rendre sensible son pouvoir à travers leur présence sur scène. On trouve à travers l'histoire du théâtre une impressionnante galerie de monstres, dont la personnalité troublante exprime plus puissamment que ne peut le faire un récit ce « mystère d'injustice » qu'est le mal.

Tel est le projet explicite de Racine dans *Britannicus* : il nous présente l'empereur Néron au début de son règne, alors qu'il n est encore qu'un « monstre naissant ». En effet, au moment où commence l'action de la pièce, Néron n'a pas encore commis les atrocités qu'ont relatées dans leurs chroniques les historiens latins Tacite et Suétone, mais nous voyons dans son caractère les germes et les racines de sa perversité future. Amoureux de Junie, il la fait enlever, et la soumet à une véritable torture morale, l'obligeant à se montrer froide vis-à-vis de Britannicus, qu'elle aime et dont elle est aimée. Néron se cache pour assister à leur face à face, au cours duquel Junie doit faire croire à Britannicus qu'elle ne l'aime plus, faute de quoi, si Britannicus n'est pas convaincu de renoncer à son amour, il sera assassiné par les sbires de Néron. À travers ce personnage pervers, Racine nous fait ressentir mieux que ne le ferait un traité de morale ce qui constitue la racine du mal chez Néron : la volonté de puissance, la volupté de réduire autrui en esclavage, qui culmine en sadisme pur : « J'aimais jusqu'à ses pleurs que je faisais couler », dit-il à propos de Junie.

La même cruauté se retrouve dans le *Caligula* de Camus (1944). Celui-ci a choisi, à la suite de Racine, de méditer sur le mal à travers le personnage de cet autre empereur qui disait des Romains : « Qu'ils me détestent, pourvu qu'ils me craignent ! » Mais Camus réinterprète l'histoire d'après sa philosophie personnelle : son Caligula a choisi le mal comme une révolte consciente et calculée contre l'absurdité du monde et de la vie. Après la mort de la femme qu'il aimait, Drusilla, Caligula conclut que la nature est cruelle et que l'humanité est condamnée à une condition horrible. Il va désormais être une sorte d'anti-saint, qui peut déclarer au jeune Scipion, dont il a fait tuer le père : « Tu es pur dans le bien, comme je suis pur dans le mal » (acte II, scène 14). En ce sens, le personnage de Camus est profondément *sadique*, au sens originel du mot : comme le marquis de Sade, le célèbre auteur du XVIIIᵉ siècle, il pratique le mal avec méthode et passion, comme une revanche contre un monde où règnent l'absurde, la souffrance et la mort. C'est le désespoir qui lui fait jouer un jeu cruel avec tous ceux qui l'approchent. Le jeune Scipion voit clair dans l'âme de son persécuteur :

> Quel cœur ignoble et ensanglanté tu dois avoir. Oh ! comme tant de mal et de haine doivent te torturer [...]. Et quelle immonde solitude doit être la tienne. *(Ibid.)*

Une figure mythique du mal : Don Juan

Volonté de puissance et révolte désespérée : on trouve une synthèse de Néron et de Caligula dans un autre « méchant » qui est peut-être le plus grand personnage du théâtre européen : Don Juan. Créé au XVIIᵉ siècle par le dramaturge espagnol Tirso de Molina (voir chapitre 1, p. 128), le personnage mythique du grand séducteur a été repris en France, en Allemagne, en Angleterre, dans de multiples adaptations jusqu'au XXᵉ siècle. Qu'est-ce qui a permis cette transformation d'un personnage théâtral en mythe ? Le fait, précisément, que Don Juan incarne à lui seul tout le mal dont l'homme est capable. À l'instar de Lucifer, l'ange rebelle, toute sa conduite exprime une révolte métaphysique contre une morale qu'il juge fausse et qui offense son orgueil. Il ne connaît d'autre morale que son plaisir égoïste, et séduit les femmes autant pour jouir de son pouvoir que par attrait sensuel. C'est pourquoi il prend un égal plaisir à les abandonner après s'en être diverti un moment. Molière, en 1663, a composé sur cette légende de Don Juan une pièce qui est sans doute la plus profonde de toute son œuvre : ni comédie, ni tragédie, on y passe du sublime au grotesque dans chaque acte, et la seule unité de la pièce se trouve dans le fascinant personnage du « grand seigneur méchant homme ». À travers lui, Molière fait ressortir toutes les racines du mal dans l'âme humaine : la révolte contre toute loi divine ou sociale, la volonté de puissance, mais aussi et surtout l'égocentrisme. Don Juan incarne la préférence absolue donnée à l'intérêt personnel contre l'intérêt général. Molière démontre également combien il est difficile de faire « machine arrière » lorsqu'on s'est engagé trop avant dans la logique du mal. Prisonnier de son attitude, Don Juan refuse jusqu'au bout de la répudier · « Non, il ne sera pas dit que je sois capable de me repentir », dit-il juste avant de rencontrer à nouveau la statue du Commandeur, agent surnaturel de la justice divine, qui le conduit en enfer.

Ainsi, l'histoire antique et la légende ont fourni aux dramaturges de fascinants modèles du mal. L'histoire du XXᵉ siècle a elle aussi quelques monstres qui font bonne figure auprès de ceux des époques lointaines. Dans sa pièce *La Résistible Ascension d'Arturo Ui*, Bertolt Brecht brosse le portrait d'un gangster impitoyable qui ressemble beaucoup à Adolf Hitler. Davantage que le monstre lui-même, Brecht cherche à définir dans cette pièce les circonstances historiques et sociales qui ont permis son ascension et sa prise de pouvoir, et il lance à son public un avertissement lugubre : « Le ventre est encore fécond d'où a surgi la bête immonde. » Cette forme extrême du mal social qu'est le totalitarisme, d'après Brecht, peut encore réapparaître, même après la victoire sur la « bête immonde » en 1945. L'auteur marxiste est-allemand, traumatisé à bon droit par le nazisme, n'a peut-être pas été aussi lucide vis-à-vis de l'autre système totalitaire dans lequel il vivait.

LE THÉÂTRE
ET LE MAL NATUREL

Mais le mal ne se résume pas aux seuls caprices cruels de l'homme. Traditionnellement, la pensée morale distingue deux grandes catégories du mal : le mal moral, que nous venons de voir, et le mal naturel. Cette deuxième sorte de mal englobe tout ce qui cause souffrance et destruction : la maladie sous toutes ses formes, les catastrophes naturelles, la dure loi de la « lutte pour la vie » dans le monde animal, le vieillissement et, finalement, la mort.

De tout temps, l'humanité s'est trouvée aux prises avec ces formes du mal naturel. Certaines philosophies prêchent la résignation à cette apparente cruauté de la nature ; d'autres, au contraire, dénoncent ce mal naturel comme un affront à l'humanité ; on trouve cette dernière attitude chez Voltaire et Camus, parmi bien d'autres. La mort, en particulier, a souvent été interprétée comme le scandale le plus révoltant : l'homme est destiné à mourir, comme tous les êtres vivants, mais il est le seul qui le sache consciemment, et longtemps à l'avance.

Eugène Ionesco, dans *Le roi se meurt* (1962), a mis en scène cette angoisse intemporelle de la mort avec une puissance assez unique. L'univers de cette pièce pseudo-historique est centré sur le personnage d'un roi grotesque, Bérenger Iᵉʳ, qui entre en agonie au début et meurt à la fin. Intitulée d'abord *La Cérémonie*, cette pièce montre une sorte de rituel funéraire : le roi est entouré de ses deux femmes, de son magicien et d'un garde, qui s'efforcent de le préparer à la mort. Sans succès : le roi prend conscience peu à peu qu'il affrontera seul cette expérience dernière. Rien ni personne ne peut le réconforter. Il s'en indigne : « On ne pleure pas assez autour de moi, on ne me plaint pas assez. On ne s'angoisse pas assez. » Dans une parodie de liturgie, les proches du roi invoquent l'aide de tous les éléments de la nature, de tous les souvenirs, de tous les morts du passé, pour faciliter au roi son passage au néant. Peine perdue. Enfermé en lui-même, Bérenger voit sa propre fin comme la fin du monde : « Des milliards de morts. Ils multiplient mon angoisse. Je suis leur agonie. Tant d'univers s'éteignent en moi. » Tous les éléments de cette pièce, les dialogues, les gestes des personnages, les changements du décor (qui disparaît au fur et à mesure que la mort se rapproche), constituent un véritable rituel théâtral, qui fait participer le spectateur, d'une manière très poignante, à l'agonie de Bérenger, qui n'est au fond qu'un reflet dérisoire de l'humanité.

▰▰▰ LE THÉÂTRE EST-IL UN UNIVERS MANICHÉEN ?

Quelques précisions sur ce terme : au sens strict, le manichéisme est une doctrine qui fut développée au IIIe siècle de notre ère par un personnage nommé Manès. Considérée à l'époque comme une hérésie, cette doctrine présentait l'univers comme un champ de bataille entre deux principes égaux et éternels, l'un bénéfique, l'autre maléfique. Au sens large, l'adjectif « manichéen » s'applique à un récit, une pièce de théâtre ou bien une vision du monde où des personnages entièrement bons et positifs affrontent des personnages absolument mauvais, sans qu'il y ait de nuance intermédiaire ou d'ambiguïté.

Un théâtre de moins en moins manichéen

Il est assez rare, en fait, que le théâtre tombe dans un schéma dualiste aussi simple. Si l'on y rencontre souvent les personnages résolument mauvais dont nous avons parlé plus haut, ils affrontent rarement des héros totalement purs et vertueux. On peut voir un aspect manichéen dans *Britannicus*, puisque Junie et le jeune Britannicus apparaissent très purs face à Néron. Certaines pièces de Shakespeare, également, suivent ce modèle : *Macbeth*, et plus encore *Richard III*, où le duel final entre le tyran et le comte de Richmond, chevalier « sans peur et sans reproches », s'apparente au combat apocalyptique entre saint Michel et le dragon, d'autant plus qu'avant la bataille, Richmond s'était proclamé le « champion » de Dieu. Enfin, le théâtre politique est souvent ridiculement manichéen : témoin, par exemple, les nombreuses pièces de circonstance jouées pendant la Révolution française, où les bons « patriotes » affrontent d'ignobles caricatures du clergé et de la noblesse. Ce genre de théâtre n'étant qu'un instrument de propagande, il ne s'embarrasse ni d'objectivité ni de nuances.

Mais, d'une manière générale, le théâtre occidental est devenu de moins en moins manichéen depuis le XIXᵉ siècle. Cette évolution correspond sans doute à une érosion de la foi religieuse, qui confère aux notions de bien et de mal un caractère transcendant et bien défini. Le théâtre reflète l'évolution des mentalités dans la civilisation qui le produit. La civilisation moderne, si elle a créé de plus en plus de certitude dans le domaine des sciences exactes, a engendré de plus en plus de doute, de perplexité et d'angoisse dans le domaine moral. Les points de repère absolus du passé, basés sur la religion et sur la soumission aux valeurs de la nation et de la famille, ont été profondément remis en question. Le théâtre reflète cette crise des valeurs.

Un théâtre au service de l'humanisme

Une réponse que de nombreux auteurs dramatiques du XXᵉ siècle ont tenté d'apporter à cette crise est l'affirmation de l'homme, de sa dignité et de son bonheur. Si les valeurs du passé sont mises en doute, que l'humanisme, la défense de l'homme devienne la base d'une morale moderne : tel est le raisonnement que tient par exemple André Gide dans sa pièce *Œdipe* (1931). Gide n'a pas beaucoup écrit pour le théâtre, mais cette pièce, où il s'inspire de la mythologie grecque, comme Anouilh, Giraudoux et Cocteau à la même époque, contient les grandes idées qui sont au cœur de toute son œuvre romanesque. L'homme est la seule valeur indubitable, et chaque individu doit former sa propre sagesse morale. « Le seul mot de passe, c'est l'Homme », dit Œdipe au devin Tirésias, qui incarne la morale religieuse, morale où l'homme doit se soumettre à des valeurs transcendantes. Tirésias se moque de cette sagesse qu'il trouve simpliste. Œdipe lui répond que ce n'est là que le « premier mot » d'une recherche philosophique qui continue toute la vie. « Et les autres mots ? » lui demande le devin. « Mes fils auront à les chercher », répond Œdipe, signifiant par là que personne ne doit accepter un système moral dogmatique qui lui est imposé par autrui. Chacun doit mener sa propre recherche.

Le théâtre de l'absurde peut-il être humaniste ?

Mais cette morale humaniste et individuelle est fragile. Dans sa pièce *Rhinocéros* (1960), Ionesco se fait lui aussi le défenseur des droits de l'homme contre la brutalité des idéologies totalitaires. Cette brutalité est symbolisée par une étrange maladie qui transforme les humains en rhinocéros dans toute la ville. L'un de ces « mutants » déclare au protagoniste que « l'humanisme est périmé », écho effrayant des idéologies fascistes qui ont conduit à la Seconde Guerre mondiale. Pourtant, le même Ionesco, dans ses autres pièces, nous présente un univers tellement absurde, et une vision tellement dérisoire de l'humanité, que l'on peut se demander si le rhinocéros n'a pas raison, après tout. De même que les autres auteurs du « théâtre de l'absurde », Beckett, Adamov, Ghelderode, Ionesco sape la foi en l'homme en nous présentant ce dernier comme une marionnette grotesque et misérable, incapable de trouver un sens à sa vie ou de communiquer avec autrui, dominé par des instincts animaux ou sadiques, maîtrisant à peine le langage. Les grandes questions morales sont donc bien au cœur du théâtre contemporain, lequel reflète un profond désarroi philosophique et éthique.

11 Le théâtre, la société et la politique

Nous avons déjà abordé, notamment dans les chapitres 1, 8 et 10, la question du théâtre en tant que phénomène social. Cet aspect spécifique du théâtre sera plus particulièrement développé ici. Nous avons vu qu'il n'existe pas de théâtre sans une collectivité qui produit le spectacle (auteur, metteur en scène, troupe des acteurs) et une communauté qui regarde ce spectacle (le public). Le théâtre a donc par sa nature même des rapports étroits et profonds avec la société où il se manifeste. Qui dit société, dit politique : de tout temps, le théâtre occidental a traité de questions politiques, soit directement et ouvertement, soit de façon subtile.

██████ UN MODÈLE RÉDUIT DE LA SOCIÉTÉ ?

Cette dimension du théâtre a été affirmée avec force par de nombreux auteurs, critiques ou metteurs en scène. D'après Antoine Vitez (voir p. 50), « le théâtre est un champ de forces, très petit, mais où se joue toujours toute l'histoire de la société, et qui, malgré son exiguïté, sert de modèle à la vie des gens. » Cette opinion contient deux problématiques essentielles.

1. Nul ne conteste qu'une pièce de théâtre est toujours un espace-temps concentré où s'affrontent des forces adverses. C'est le fondement même de toute l'esthétique théâtrale. Eugène Ionesco allait jusqu'à comparer une pièce de théâtre à un match de boxe ou de football : ces deux formes de « jeu » consistent en effet en « antagonismes en présence, oppositions dynamiques, heurts de volontés contraires ». *Antigone* de Jean Anouilh (voir p. 120), est un véritable duel mental entre Antigone et Créon.

Mais peut-on dire de manière aussi catégorique que dans toute pièce « se joue toujours toute l'histoire de la société » ? Cette affirmation a quelque chose d'absolu et d'universel qui peut faire hésiter. Deux mots, en particulier, posent problème : *toute* et *la*. « *Toute* l'histoire » implique qu'une pièce n'est pas seulement le reflet d'une époque, mais qu'elle embrasse l'histoire entière de telle ou telle civilisation. Par exemple, *Cinna* de Corneille est-il un miroir en miniature des conflits qui agitent la société de tout temps, ou bien seulement de la société romaine du temps de l'empereur Auguste ? Et, d'autre part, quand Vitez dit *la* société, ne devrait-il pas dire plutôt « une » société spécifique ? *La Putain respectueuse* de Sartre est-elle une pièce sur le racisme en général ou bien spécifiquement sur la situation qui existait dans le Sud des États-Unis jusque vers les années soixante, donc dans un cadre historique et géographique bien déterminé ?

Cette problématique en appelle une autre, qui est celle de interprétation : le public peut interpréter l'œuvre d'une manière qui ne corresponde pas exactement à l'intention initiale de l'auteur, et qui la dépasse. Le spectateur contemporain peut voir dans *Cinna* une parabole sur le pouvoir qui s'applique aussi bien au XXe siècle qu'à l'époque d'Auguste, et qui pose une question intemporelle : l'individu peut-il s'élever au-dessus de ses sentiments personnels, comme le fait Auguste, et résister ainsi à la corruption du pouvoir ? Quant à *La Putain Respectueuse*, rien n'empêche d'y trouver matière à réflexion sur la question des relations entre races, telle qu'elle se pose dans tous les pays. Néanmoins, cela exige de la part du spectateur un effort de transposition, et il convient donc de nuancer l'affirmation péremptoire de Vitez.

2. La deuxième problématique est soulevée par le terme « modèle ». Vitez aurait pu dire que le théâtre sert de « miroir » à la vie des gens, mais il utilise intentionnellement le mot « modèle », qui contient une idée didactique. Le théâtre ne se bornerait pas à montrer à la société ce qu'elle est, mais irait plus loin, et lui offrirait une image de ce qu'elle doit être.

Cela revient à la question de la vocation didactique du théâtre, traitée dans le chapitre précédent sous son angle moral (voir p. 120). Beaucoup d'auteurs et de théoriciens ont pensé, par exemple, que la comédie avait pour mission de « corriger les mœurs » (voir p. 93). Peut-on dire que le théâtre, produit et reflet d'une société, doit être pour le public une véritable « école civique » ? C'est ce que propose, entre autres, d'Alembert, l'ami de Diderot et Rousseau, dans l'article « Genève » qu'il écrivit pour l'*Encyclopédie*.

Cette question est vaste est délicate. D'une part, elle contient une certaine ambiguïté morale, liée à toute forme d'art didactique. Chaque société a son propre système de valeurs, qu'elle considère peut-être comme absolu et indiscutable, mais qui l'est rarement. Les « valeurs civiques » d'un théâtre d'inspiration marxiste, par exemple, peuvent apparaître aujourd'hui bien relatives. D'autre part, il est futile pour le théâtre de prétendre contribuer à une quelconque « éducation civique » du public s'il ne s'adresse pas à la société tout entière. Cela nous amène à considérer une critique souvent portée contre le théâtre au xxᵉ siècle : il s'agirait d'un spectacle élitiste, destiné principalement à la bourgeoisie.

UN SPECTACLE POPULAIRE OU UN SPECTACLE ÉLITISTE ?

De l'Antiquité au Moyen Age : une participation populaire

À l'origine, dans la Grèce antique, la représentation d'une tragédie était un événement vraiment populaire, en ce sens qu'il concernait toute la population de la cité, à l'exception des esclaves. Lors de la représentation d'une pièce d'Eschyle ou de Sophocle, la vie ordinaire de la cité était suspendue pour plusieurs jours c'était une fête publique à laquelle tout le monde était tenu de participer. Le public lui-même faisait partie de l'événement théâtral : la séparation rigoureuse entre la scène avec les acteurs et le public, n'était pas aussi nette qu'elle le sera plus tard, dans l'Europe des temps modernes.

C'est que le théâtre, chez les Grecs, était lié à la démocratie. L'architecture même des amphithéâtres antiques, que l'on peut admirer encore de nos jours au théâtre d'Orange, ne comportait aucune distinction de classes sociales. Tous les spectateurs, riches ou pauvres, influents ou modestes, étaient assis sur les mêmes gradins de pierre. D'autre part, le public grec était invité à méditer sur sa propre histoire et sa propre identité, à travers le spectacle de la tragédie.

Eschyle, qui faisait jouer sa pièce *Les Perses* en 472 av. J.-C., avait lui-même participé à la bataille de Salamine contre les Perses huit ans plus tôt. Il invite ses compatriotes à méditer sur l'ennemi commun que les cités grecques avaient vaincu. Son portrait des Perses n'est pas purement négatif. L'ennemi n'est pas le mal incarné, c'est un être humain lui aussi ; en l'étudiant, les Grecs pourraient mieux comprendre leur propre identité et leur propre destin historique.

Même phénomène au Moyen Age : les mystères et les passions, joués soit sur le parvis des églises soit sur des tréteaux dressés en place publique, étaient une célébration collective. Les acteurs étaient des amateurs ; de nombreux habitants de la ville participaient d'une manière ou d'une autre au spectacle, et ce dernier était une méditation collective sur la foi partagée par les membres de la communauté.

À partir du XVIᵉ siècle : un théâtre plus élitiste

Deux innovations architecturales ont sans doute contribué à enlever au théâtre ce caractère de spectacle populaire : le fait de jouer dans des salles fermées, et la scène dite « à l'italienne ».

Les théâtres fermés (et payants) ont restreint le public, et l'ont compartimenté : on connaît les divisions de la salle de théâtre en loges et balcons (au deuxième étage, en hauteur) en corbeilles, et finalement en parterres. Les loges, de chaque côté de la salle, se faisaient face, et leurs occupants étaient bien en vue du reste du public. C'était l'occasion de se montrer, de s'afficher avec telle personnalité en vue, etc. Le théâtre était devenu, dans une assez large mesure, un « rite mondain » : le spectacle était aussi bien dans la salle que sur scène. D'autant plus que celle-ci était strictement séparée du public par le rideau et le *proscenium* (ou avant-scène). La scène à l'italienne, « illusionniste », vise à bien distinguer le lieu clos où se joue l'illusion théâtrale de la vie réelle. Les spectateurs sont donc plus passifs : ils deviennent de simples « regardants ». Cela doit évidemment être nuancé : plusieurs coutumes et techniques étaient là pour maintenir le contact entre les acteurs et le public (voir p. 42).

Au xxᵉ siècle : une réaction vers le théâtre populaire

Néanmoins, de nombreux directeurs de théâtre et metteurs en scène du xxᵉ siècle ont voulu réagir contre cette tradition de la « compartimentation » de l'espace théâtral, qui, alliée à la cherté des places, avait fini par éloigner du théâtre les couches populaires. On peut citer en particulier un grand nom du théâtre français : Jean Vilar, qui fut directeur du TNP (Théâtre national populaire) et fondateur du festival d'Avignon, lequel attire, chaque été, des milliers de spectateurs et des artistes du monde entier. Jean Vilar avait voulu, en orchestrant cette grand-messe du théâtre qu'est le festival d'Avignon, recréer la dimension de grand spectacle populaire que le théâtre avait perdue : « Quand je joue en Avignon, disait-il dans un entretien, je sais que la partie ne se joue pas contre ou malgré ou par-dessus le public, comme si souvent à Paris, mais avec lui. Il est en état d'amour. » Pas de véritable théâtre, il est vrai, sans cette communion avec un public qui participe, se sent concerné, et rassemble toutes les couches de la société. Dans son livre *La Tradition théâtrale*, Vilar réclame des salles de théâtre qui « unissent le public au lieu de le diviser ».

Derrière cette conception populaire du théâtre, il y avait sans doute une philosophie politique. Vilar, violemment critiqué par l'« establishment » plus conservateur du théâtre parisien, notamment la Comédie-Française, s'est défendu d'être au service des partis politiques de gauche ou d'extrême gauche. Mais il a affirmé qu'il voulait « démocratiser » le théâtre, devenu d'après lui le monopole des élites. C'est la vocation qu'il assignait au TNP, créé en 1926, et qu'il dirigea à partir de 1947 : « Le TNP, disait-il, est un enfant de la République. »

Dans un sens beaucoup plus radical, la troupe d'Ariane Mnouchkine, le Théâtre du Soleil, s'adressera directement aux ouvriers dans les usines, jouera dans des écoles publiques, ou dans des lieux assez inconfortables, comme la Cartoucherie de Vincennes. En Italie et en Angleterre, dans les années soixante et soixante-dix, des expériences comme les « happenings » transportent le théâtre dans la rue, cherchant à renouer avec sa vocation originelle. Ajoutons, pour conclure cette question, que le théâtre est resté un spectacle très populaire dans certaines de ses formes, considérées à tort ou à raison comme secondaires et non artistiques : les numéros de clowns au cirque, et les cafés-théâtres, phénomène très parisien, où l'on a vu se produire, au début de leur carrière, d'excellents comédiens et amuseurs publics.

██████ UNE « MISE EN SCÈNE CRITIQUE » DE LA SOCIÉTÉ

De tous temps les auteurs et les artistes de théâtre ont voulu mettre *sur* scène et mettre *en* scène leur société. Beaumarchais, dans la préface qu'il rédigea pour *Le Mariage de Figaro* en 1784, déclare qu'il a voulu représenter, au-delà de l'intrigue amoureuse de la pièce, « une foule d'abus qui désolent la société ». Cinq ans avant le début de la Révolution française, cette pièce contenait en effet une critique approfondie de l'Ancien Régime. De même, Molière présente à la société de son temps un reflet caricatural de ses abus : hypocrisie de la religion détournée à des fins personnelles, snobisme de la « préciosité », imposture des médecins, prétentions de la bourgeoisie singeant la noblesse, etc. La contestation des valeurs établies est une tradition fort ancienne au théâtre.

Une critique directe

Cette contestation peut être plus ou moins violente ; certains dramaturges expriment un rejet global de toute une société et de ses valeurs, jugées artificielles et oppressives. C'est le cas de Jean Genet, auteur d'extrême gauche, délinquant, plusieurs fois incarcéré, et qui dans ses pièces porte un jugement sans appel sur toute la civilisation européenne, avec sa morale et son élitisme culturel. Il rejette, en somme, un monde qui l'a rejeté. Dans sa pièce *Les Nègres*, le personnage de la Reine, sentant son pouvoir mis en question, se raccroche dans une tirade dérisoire à tous les monuments d'une culture élevée au rang d'une religion :

A moi, vierges du Parthénon, ange du portail de Reims, colonnes valéryennes, Musset, Chopin, Vincent d'Indy, cuisine française, Soldat inconnu, chansons tyroliennes, principes cartésiens, ordonnance de Le Nôtre...

Tout ce « fétichisme culturel », mêlant la musique à la cuisine, n'est là, d'après Genet, que pour servir de « paravent » à la nature réelle, c'est-à-dire colonialiste et oppressive, de la société occidentale, et française en particulier. Il faut noter que les personnages de la Reine et sa cour, dans la pièce, sont des Noirs travestis en Blancs, et qui miment les complexes de supériorité de ces derniers. La contestation radicale des valeurs européennes est donc renforcée par un curieux jeu de « théâtre dans le théâtre ». Montée en 1959, cette pièce anticipe d'une décennie sur les événements de Mai 68, qui traduiront, d'une manière anarchique et parfois bouffonne, le même rejet de toute une société, avec sa culture et ses valeurs. Dans sa pièce *Les Paravents*, Genet met dans la bouche d'un personnage nommé Saïd un programme qui pourrait être le sien : « Je vais continuer jusqu'à la fin du monde à me pourrir pour pourrir le monde. »

Dans son théâtre comme dans ses textes en prose, Genet, paria révolté, s'est fait le poète de l'ordure, de la pornographie et de l'abjection pour mieux dénoncer une société qu'il jugeait perverse et pour en hâter la destruction. C'est pourquoi il a voulu transgresser les conventions du théâtre traditionnel, porteur selon lui de la fausse bonne conscience « bourgeoise » : comme il le disait lui-même, « si mon théâtre pue, c'est parce que l'autre sent bon ».

Dans une veine similaire, Jacques Audiberti plonge dans l'histoire européenne pour attaquer ce qu'il considère comme l'hypocrisie criminelle d'une civilisation qui utilisa le christianisme pour justifier sa rapacité et son appétit de conquête. On en voit un exemple dans sa pièce *Cavalier seul*, dont l'action se situe au Moyen Age et se transporte du Sud de la France à Constantinople et à Jérusalem. Le sujet en est les croisades, montrées sous un jour très caricatural et à travers lesquelles Audiberti attaque d'autres phénomènes plus récents, comme le colonialisme, souvent présenté comme une conquête civilisatrice, l'Europe aimant à justifier par de nobles prétextes sa volonté de puissance.

Une critique par transposition

Les dramaturges ont souvent critiqué ainsi la société contemporaine à travers des pièces historiques, qui présentaient des époques et des événements révolus, mais où il était facile de reconnaître, par transposition, des problèmes modernes. Au début des années quatre-vingts, le cinéaste polonais Andrej Wajda porta à l'écran la pièce du dramaturge allemand Georg Büchner (1813-1837) intitulée *La Mort de Danton*. Cette pièce, écrite à l'époque du romantisme, était une critique de la Terreur pendant la Révolution française. Elle montrait comment Robespierre et ses alliés avaient dévoyé l'esprit de 1789 en instaurant une impitoyable dictature, qui organisa le procès truqué et l'élimination de Danton pour se débarrasser de toute opposition politique. Le film de Wajda, qui adaptait assez fidèlement la pièce, avec Gérard Depardieu dans le rôle de Danton, était en fait une condamnation à peine voilée du communisme en Pologne. Comme Robespierre, les maîtres staliniens de la Pologne se réclamaient du peuple et de la Révolution pour légitimer leur règne totalitaire. Le sens politique de la pièce de Büchner avait donc été transposé, mais non trahi.

La critique ne porte pas toujours aussi juste : lorsque Bertolt Brecht monta sa pièce *Galilée* aux États-Unis en 1947, il utilisait un sujet du XVIIe siècle pour faire la critique des scientifiques américains contemporains, coupables à ses yeux d'avoir mis leur savoir au service de la guerre, en créant la bombe atomique. Le Galilée de Brecht est un personnage sans scrupules, un savant qui accepte de se compromettre avec les autorités ecclésiastiques et politiques de son temps pour échapper aux persécutions. Le public américain ne s'est pas reconnu dans cette condamnation, et la pièce fut un échec.

Comme nous l'avons dit plus haut, il peut y avoir un décalage entre l'intention de l'auteur et l'interprétation du public. D'autre part, les œuvres très engagées présentent souvent des schématisations excessives, telle cette pièce qui connut un grand succès de scandale au début des années soixante, *Le Vicaire*, et qui présentait le pape Pie XII comme un allié complaisant du régime nazi pendant la Deuxième Guerre mondiale. Bien entendu, dès que le théâtre contient une critique politique ou sociale explicite, se pose le problème de ses rapports avec l'État. L'histoire du théâtre est jalonnée d'exemples de censure et d'interdiction de représentations.

■■■■■ THÉÂTRE ET CENSURE POLITIQUE

Deux exemples célèbres

L'exemple le plus fameux, en France, de censure politique contre une pièce de théâtre est l'affaire du *Mariage de Figaro*, de Beaumarchais. Celui-ci dut se battre pour faire représenter sa pièce. Le texte en fut soumis à trois censeurs royaux, dont les avis furent assez partagés. Mais le roi Louis XVI, inquiet de la publicité qui se faisait autour de la pièce, se la fit lire pour en juger lui-même, et la trouva inacceptable. « Cette pièce, aurait-il dit, est exécrable et injouable, à moins de faire raser la Bastille. » Parole prophétique : il avait compris que la pièce de Beaumarchais contenait une critique si radicale de l'Ancien Régime qu'elle était, ni plus ni moins, une incitation à bouleverser l'ordre social et politique de la France. Napoléon, quelques années après que la Bastille fut rasée, dira lui-même que cette pièce, en 1784, était « la Révolution en action ». La réputation subversive du *Mariage de Figaro* était telle qu'elle franchit vite les frontières de la France. L'empereur d'Autriche, beau-frère du roi de France, en avait fait interdire la représentation dans ses États. Mozart, en 1786, lui arrachera pourtant l'autorisation de l'adapter pour son opéra, *Les Noces de Figaro*.

Sans aller jusqu'à l'interdiction pure et simple, certaines œuvres théâtrales ont suscité des émeutes et de violents débats nationaux. Ce fut le cas en France dans les années 1880, après la représentation d'une pièce d'un auteur à succès de l'époque, quelque peu oublié aujourd'hui, Victorien Sardou. Dans cette pièce historique, intitulée *Thermidor*, Sardou, comme Georg Büchner un demi-siècle plus tôt, présentait une violente condamnation de la Terreur, et suggérait que Robespierre, à partir de 1793, avait perverti l'esprit de la Révolution française, tel qu'il s'exprimait dans la Déclaration des Droits de l'Homme et du Citoyen en 1789. Il avançait donc une thèse que beaucoup d'historiens soutiennent aujourd'hui, à savoir qu'il y eut deux révolutions françaises, celle de 1789, matrice de la démocratie, et celle de 1793, ancêtre du totalitarisme le plus sournois, celui qui se réclame du peuple et de l'égalité.

Or, en ces années 1880, la Troisième République, héritière de la Révolution française, supportait mal qu'on en montre les ambiguïtés. Georges Clemenceau lui-même dut monter à la tribune de l'Assemblée nationale pour prendre position dans ce débat qui divisait Paris ; il déclara à cette occasion que « la Révolution est un bloc ». Victorien Sardou, selon lui, avait eu tort d'inviter son public à porter sur cet événement fondamental un regard critique et nuancé. Les bons Français républicains commettaient une sorte de sacrilège en s'associant à Sardou pour rejeter une partie de l'héritage révolutionnaire.

En fait, chaque fois que l'État, que ce soit par la censure ou la réprobation publique, s'en est pris au théâtre, il lui a paradoxalement rendu hommage ; censurer une pièce, c'est lui reconnaître implicitement une influence profonde sur le public et la société. On n'interdit que ce que l'on prend suffisamment au sérieux.

L'auto-censure

Mentionnons un cas particulier de censure, où c'est l'auteur lui-même qui interdit la représentation de sa pièce, pour des raisons qui peuvent être politiques. Ce fut le cas de Jean-Paul Sartre pour *Les Mains sales*, créée à Paris en 1948 (voir p. 102). Dans cette pièce, qui se passe dans les milieux communistes yougoslaves pendant la Deuxième Guerre mondiale, Sartre voulait exprimer son « adhésion critique au socialisme ». En fait, la pièce trahit malgré son auteur les rapports ambigus qu'il a entretenus avec le mouvement marxiste international : d'une part, Sartre déclarait que le marxisme était « l'horizon indépassable de notre temps » mais, d'autre part, il n'a jamais voulu se soumettre à la discipline d'un parti et a gardé sa liberté de critique vis-à-vis du Parti communiste français et de l'URSS. Or, le public de droite, anticommuniste, fit un très bon accueil à la pièce en France, y voyant une condamnation du communisme et de ses méthodes totalitaires. Ulcéré de cette « récupération bourgeoise », Sartre fit interdire la représentation de sa pièce dans les pays dirigés par l'extrême droite, l'Espagne, la Grèce et le Portugal, mais l'autorisa dans les pays communistes, tels que la Tchécoslovaquie, où il était sûr qu'elle ne serait pas interprétée comme une propagande antisoviétique.

D'autres moyens pour l'État de contrôler le théâtre

Le pouvoir politique peut faire montre d'une grande subtilité pour maintenir son contrôle sur la production théâtrale, et en contenir les potentialités subversives. La monarchie française, sous Louis XIII et surtout Louis XIV, choisit habilement de favoriser le théâtre, en lui imposant un certain code, plutôt que de recourir à l'interdiction brutale.

On peut interpréter diversement les mobiles qu'eut Richelieu pour fonder l'Académie française en 1634-1635. Il est certain que l'Académie exerça le rôle d'un juge sévère de l'esthétique théâtrale, comme on le voit dans le cas de sa critique du *Cid* de Corneille. S'agissait-il seulement d'esthétique, ou bien Richelieu, à travers l'Académie, voulait-il amener le théâtre français à se conformer davantage à son idéologie politique ? Certains pensent que toute œuvre d'art comporte un message politique, même implicite. Or, jusqu'en 1635, le genre le plus en vogue était la tragi-comédie, particulièrement appréciée d'une noblesse turbulente et indisciplinée, qui pouvait se reconnaître dans ses personnages violents et romanesques. En imposant à travers l'Académie les règles de mesure et de sobriété du classicisme, Richelieu faisait du théâtre un miroir de l'ordre politique qu'il cherchait à établir, celui de la monarchie absolue, où cette noblesse indisciplinée serait soumise à une autorité centrale. L'interprétation est ouverte, mais il est frappant que les pièces classiques, comme le *Cinna* de Corneille, comportent souvent le personnage d'un monarque puissant, juste et respecté. La rigueur, la sobriété et la « noble ordonnance » du style classique ne pouvaient qu'inspirer l'amour d'un ordre social qui en soit le garant, c'est-à-dire une société policée et soumise à l'autorité de droit divin incarnée par le monarque.

Louis XIV ira très loin dans cette direction. Sous son règne, l'État (c'est-à-dire lui) étend son contrôle, sous la forme d'un mécénat munificent, non seulement au théâtre, mais à tous les arts. C'est sous le règne du Roi-Soleil que se créent les académies royales de Ballet, de Musique et des Beaux-Arts.

Nombre de grands auteurs et artistes travaillent pour le roi : le musicien Lulli, Racine, Boileau, et, dès 1663, Molière. Ce dernier a-t-il abdiqué une partie de sa liberté artistique en acceptant le soutien bienveillant de Louis XIV ? On peut faire valoir que le roi l'a soutenu dans des moments très difficiles, comme pendant la cabale contre *L'École des Femmes*, en 1663. Même lorsque le roi, craignant d'offenser l'Église, interdit de jouer *Tartuffe* en public, en 1664, il manifesta pourtant à Molière une protection sans laquelle celui-ci aurait eu bien davantage à souffrir de ses ennemis. Il semble que Louis XIV ait traité Molière comme un « fou de cour » à qui l'on permet des libertés que l'on n'accorderait à personne d'autre.

Toutefois, certains ont jugé sévèrement Molière pour avoir accepté la faveur du maître tout-puissant de la France. L'auteur russe Mikhaïl Boulgakov, au xxᵉ siècle, montrera dans sa pièce *Molière* l'auteur du *Misanthrope* comme un courtisan servile, soumis aux caprices d'un tyran susceptible, qui n'accepte que la flatterie et l'adulation. Il est certain, en tout cas, que le pouvoir peut exercer sur les artistes un contrôle aussi étroit par les faveurs, la protection et les pensions, que par la répression et la censure.

Le théâtre, instrument de propagande

L'inverse de la censure est la propagande, lorsque l'État utilise le théâtre ou toute forme d'art pour promouvoir auprès du public son idéologie politique. La récupération par la propagande a existé de tout temps, même s'il a fallu attendre le xxᵉ siècle pour voir un régime totalitaire comme celui du IIIᵉ Reich créer un ministère de la Propagande. En URSS, peu après 1917, l'État soviétique créa un organisme, le TEO, destiné à faire du théâtre et des arts de spectacle un moyen d'assurer l'« éducation politique » des masses. Son directeur était un metteur en scène de théâtre, Vsevolod Meyerhold (voir p. 56), et le théâtre *Proletkult*, à Moscou, fut un laboratoire de propagande politique très efficace. Déjà, pendant la Révolution française, les autorités révolutionnaires avaient favorisé un théâtre de propagande politique. Les titres de ces nombreuses pièces sont en général assez éloquents, et révèlent leur fonction, qui est d'être un commentaire « autorisé » sur des événements révolutionnaires récents : *Le Prêtre réfractaire ou le Nouveau Tartuffe*, *Le Siège et la prise de Cholet et la victoire sur les brigands royalistes*, pour n'en citer que deux, donnent le ton. Ces dramaturges révolutionnaires furent en général assez médiocres, et leurs noms sont aujourd'hui oubliés, à l'exception de celui de Marie-Joseph Chénier, frère du poète André Chénier, lequel fut guillotiné sous la Terreur.

Ces problèmes, aujourd'hui, ne se posent plus de la même manière, les États démocratiques n'ayant en principe ni le désir ni le pouvoir de limiter la liberté d'expression. Cela ne veut pas dire que l'État républicain n'ait pas la capacité d'exercer une certaine influence sur le théâtre et les autres arts, par le jeu des subventions. En France, même si le ministère de la Culture ne dispose que de 1,5 % du budget national, il peut, comme le ministre Colbert sous Louis XIV, choisir de soutenir financièrement certains artistes, certains projets, par la manne des subventions. Il ne peut pas interdire les activités artistiques qui ne lui plaisent pas, mais il peut encourager et favoriser celles qui lui plaisent. D'André Malraux à Jack Lang, les ministres de la Culture de la Vᵉ République ont été très généreux avec les fonds publics pour promouvoir leur propre conception de la « culture ».

▰▰▰▰ LE THÉÂTRE PEUT-IL ÊTRE À LA FOIS POLITIQUE ET ARTISTIQUE ?

C'est la question qui est au cœur de tout art mis au service d'un engagement politique : peut-on maintenir la qualité esthétique, quand celle-ci n'est plus prioritaire ? Certains répondent en disant qu'il s'agit là d'un faux problème car, selon eux, toute œuvre d'art est politiquement engagée, que l'auteur le veuille ou non. Il est impossible, selon cette thèse, de se placer au-dessus de la politique, et malhonnête de prétendre le faire au nom de « l'art pour l'art ». Pour un homme de théâtre marxiste tel que Brecht, le théâtre doit prendre part à la lutte des classes :

> Personne ne peut être au-dessus de la mêlée des classes, car personne n'est au-dessus des hommes. Aussi longtemps que

la société sera divisée en classes, elle n'aura pas de porte-parole qui puisse s'exprimer au nom de tous. Pour l'art, être « impartial » signifie tout simplement qu'on appartient au parti dominant.

Brecht, évidemment, prêche pour sa paroisse. Il accuse les auteurs « apolitiques » de faire le jeu du « parti dominant », c'est-à-dire pour lui l'aristocratie ou la bourgeoisie capitaliste, selon les époques. Mais qu'en est-il d'un auteur qui écrit au sein d'un régime marxiste ? N'est-il pas lui aussi, qu'il le désire ou non, et quelle que soit sa conviction (ou son absence de conviction), au service du « parti dominant » ? D'autre part, la thèse selon laquelle « tout est politique » et qu'il n'existe pas d'art ou de littérature extra-politique se heurte à de sérieux problèmes. Qu'en est-il, par exemple, d'une pièce telle que *Le roi se meurt*, d'Ionesco ? Quel est son message politique ? Exprime-t-elle une idéologie bourgeoise, ou populaire ? Il est évident que le problème de l'angoisse humaine face à la mort transcende la division des classes sociales. Même si le riche meurt plus confortablement que le pauvre, il n'en reste pas moins que la mort rappelle à tous les humains leur égalité biologique fondamentale. Comme le disait François Villon dans son *Testament* :

> Et meure Pâris ou Hélène,
> Quiconque meurt, meurt à douleur...

Cependant, les critiques d'inspiration (néo-) marxiste trouveront sans doute toujours des arguments pour affirmer que « tout est politique », car cette idée est la base de leur conception de la culture. Attachés à l'idée qu'il n'y a pas de nature humaine éternelle et intrinsèque, mais que chaque individu est déterminé par son époque et sa classe socio-économique, ils se doivent de proclamer que l'art n'est jamais politiquement innocent, que toute œuvre d'art porte en elle, explicitement ou implicitement, la vision politique correspondant à la classe sociale de son auteur. Au fond, l'idée que « tout est politique » est elle-même très politique. Il est indéniable que l'art est presque toujours influencé, par son milieu historique, politique et économique, mais nier qu'il existe des questions universelles, concernant l'humanité dans son ensemble, de tout temps et en tout lieu, relève du parti pris idéologique.

Sartre, bien qu'il affirme, dans *Qu'est-ce que la littérature ?* que tout écrivain doit être engagé et prendre position par rapport aux problèmes de son temps, limite l'engagement au questionnement dans son recueil d'articles sur le théâtre intitulé *Un théâtre de situation*. « Une bonne pièce de théâtre, écrit-il à propos des *Mains sales*, doit poser les problèmes et non les résoudre. » C'est là, sans doute, la condition *sine qua non* pour qu'une œuvre engagée sauvegarde sa dimension esthétique, comme nous l'avons proposé dans le chapitre précédent (voir p. 120).

Si le théâtre est toujours un miroir de l'expérience humaine, il peut analyser celle-ci de plusieurs points de vue : la perspective politique n'est qu'un angle parmi d'autres, aussi important soit-il. Quant à l'idée qu'une pièce de théâtre mettrait toujours en scène la société, on pourrait la nuancer en distinguant la « macro-société », autrement dit la société comme groupe ethnique ou national, et ces diverses « micro-sociétés » que sont le couple ou la famille, comme dans le théâtre intimiste de Tchekhov. Mais le théâtre peut aussi mettre à nu l'expérience humaine, dans ses angoisses fonda-mentales, et en dehors de tout contexte sociopolitique particu-lier. Que l'on soit roi, comme le protagoniste dérisoire du *Roi se meurt*, ou clochard, comme les misérables épaves d'*En attendant Godot* ou de *Fin de partie*, la question ultime du sens (ou du non-sens) de la vie et de la mort reste la même.

Conclusion

LE THÉÂTRE EN CRISE ?

« Sommes-nous [les gens de théâtre] les représentants d'un passé irréparable ? » se demandait Ariane Mnouchkine, qui fit pourtant beaucoup, et avec un succès certain, pour redonner un second souffle à l'entreprise théâtrale. Exagère-t-on la crise actuelle du théâtre ? Il n'est que d'acheter l'*Officiel des spectacles* à Paris pour constater à quel point l'activité théâtrale est intense et diverse dans la capitale. Entre ce sanctuaire de la tradition qu'est la Comédie-Française, et les nombreuses salles où se joue un théâtral expérimental, le choix qui est offert à l'amateur tendrait à rendre optimiste. Même si le centralisme culturel est encore très fort, la province est à présent dotée de presque autant de théâtres subventionnés que la région parisienne. En outre, le succès du Festival d'Avignon prouve que le théâtre, après vingt-cinq siècles, a gardé son caractère de spectacle de masse. Au festival « officiel » fait pendant un festival « off », où l'on voit de nouvelles troupes essayer de se faire connaître du grand public. L'extraordinaire succès des mises en scène de Peter Brook, un habitué du festival, suffirait à donner à Jean Vilar le sentiment d'avoir réalisé l'ambition qu'il avait toute sa vie poursuivie. Cependant, l'inquiétude de Mnouchkine n'est pas sans fondement. Il y a en effet une crise du théâtre, et même deux : la première est interne, l'autre est liée à des facteurs externes.

De l'intérieur, l'univers du théâtre est divisé plus que jamais entre Tradition et Innovation. Les avant-gardistes des années cinquante, en particulier Ionesco, ont été intégrés à la tradition théâtrale ; récupérés, disent certains, qui veulent aller plus loin qu'eux dans leur contestation de la tradition. Reprenant les idées d'Antonin Artaud, ils refusent de plus en plus d'accorder au texte un quelconque respect, et cherchent à éloigner le plus possible le théâtre de la littérature, pour le rapprocher du mime, du spectacle de cirque, voire de la simple « fête foraine » : c'était le but avoué d'une troupe comme le Magic Circus, née des utopies culturelles de Mai 68.

De l'extérieur, le théâtre est évidemment exposé à la concurrence, de plus en plus envahissante, des médias, cinéma et télévision. Mais la situation évolue avec une rapidité déconcertante. Les salles de cinéma elles-mêmes sont en crise : le grand écran subit la concurrence du magnétoscope et de la vidéocassette. Les conséquences des innovations techniques sont donc préjudiciables à toutes les formes collectives de spectacle. C'est seul, ou en petits groupes, que l'on regarde les images qui défilent sur le petit écran d'une télévision ou d'un magnétoscope. Or, cette tendance de la vie moderne, avec son rythme effréné et son anonymat grandissant, a renforcé l'isolement et la solitude, et va sans doute atteindre, dans les décennies qui viennent, un degré insupportable. La chance que le théâtre doit saisir, c'est précisément, comme avait essayé de le faire un Jean Vilar, de redonner à la vie collective de la Cité ces moments exceptionnels de communion qu'étaient les grands spectacles dramatiques de l'Antiquité et du Moyen Age. C'est en retournant à ses sources que le théâtre pourra se perpétuer.

BIBLIOGRAPHIE

Classiques de la théorie dramatique

– Aristote, *Poétique*. Le premier traité sur l'art dramatique, en particulier sur la tragédie. A influencé toute l'histoire de la tragédie moderne.
– Artaud, Antonin, *Le Théâtre et son double*, Gallimard/Idées, 1966. Violent réquisitoire contre le théâtre occidental « logocentrique », c'est-à-dire donnant la primauté au texte, au détriment des autres éléments du spectacle.
– Boileau, *Art poétique*.
– Brecht, Bertolt, *Écrits sur le théâtre*, L'Arche, 1972. L'auteur marxiste y expose sa conception du théâtre ; il faut qu'il y ait « distanciation » pour que le spectacle oblige le public à opérer une réflexion critique sur la société.
– Corneille, Pierre, *Trois Discours*, in *Œuvres complètes*, Le Seuil, 1963. L'auteur du *Cid* y explique ce qu'il accepte et ce qu'il rejette de la doctrine classique.
– Diderot, Denis, *Paradoxe sur le comédien*, in *Œuvres esthétiques*. Selon Diderot, l'acteur mime les émotions, sans s'identifier à son rôle.
– Hugo, Victor, « Préface » de *Cromwell*. La théorie et le programme du drame romantique, qui s'oppose diamétralement au théâtre classique.
– Stendhal, *Racine et Shakespeare*, Garnier-Flammarion, 1970. Pourquoi Shakespeare, modèle des romantiques, est meilleur, d'après l'un des maîtres du Romantisme, que Racine, modèle du Classicisme.
– Sartre, Jean-Paul, *Un théâtre de situation* (Gallimard, « Folio », 1990).

Ouvrages critiques de référence

– Roubine, Jean-Jacques, *Théâtre et mise en scène*, 1880-1980 (PUF, 1980). Ouvrage assez technique, pour approfondir les mécanismes du spectacle théâtral.
– Hubert, Marie-Claude, *Le Théâtre*, Armand Colin, Collection « Cursus », 1988. Une excellente synthèse, pour l'étudiant de niveau universitaire, qui possède déjà de bonnes bases.
– Larthomas, Pierre, *Le Langage dramatique*, Armand Colin, 1972. Comme le titre l'indique, tout l'essentiel sur les procédés du langage au théâtre.
– Lioure, Michel, *Le Drame, de Diderot à Ionesco*, Armand Colin, Collection U, 1965. Pour l'histoire des formes théâtrales en France après l'époque classique.
– Schérer, Jacques, *La Dramaturgie classique en France*, PUF, 1982. Ouvrage indispensable et définitif pour toute étude sur le XVIIᵉ siècle.

– Revues consacrées au théâtre : ATAC *(Aujourd'hui Tendances Arts Culture)* ; *Cahiers Renaud-Barrault* ; *Cahiers du Rideau* (Bruxelles) ; *Revue d'histoire du théâtre* ; *Théâtre et éducation*.

INDEX DES AUTEURS ET DES ŒUVRES[1]

---

1. Ne figurent dans cet index que les auteurs de théâtre et les pièces citées dans ce Profil.

INDEX DES METTEURS EN SCÈNE

INDEX DES THÈMES ET NOTIONS

Bussière Camedan Imprimeries
à Saint-Amand (Cher), France.
Dépôt légal : novembre 2001. N° d'édit. : 14303. N° d'imp. : 015350/1.